《表叔的新居》，2017年

《夏天庭院里喝水的猫》，2023年

《老瓦屋顶上的葱兰花和山鸡》，2023年

《度过童年和少年时期的山村老屋子》，2022年

《老婆大人，我错了》，2022年

《离婚、结婚和等待》, 2022年

《笨鸭子飞》, 2022年

《遥远的天空下》，2022年

《富春山的春天》，2020年

《北方的雪和寒村》，2022年

《海浪与礁石》，2023年

《海岸》, 2023年

《海浪》，2023年

《看着窗外的姑娘》，2022年

走过一座海

人生是一座海。

我的行囊就是我的皮囊，我的皮囊里装着这座海。睡与梦都在这座海里，醒时则行走于打开的海面。这海，埋葬与蕴藏了多少惊涛和沉波，忧喜及悲欢，同类和异类。鱼与海马远胜于人，它们自在游弋、死而复生，而我不能。我一直活着，千辛万苦又幸运，

快乐地踏行于看不到岸的
海面。
别惊异，我是走在海中的山，
脚伸到哪里，陆地旋即从
海下升起。我打哪里路过，
花旋即在哪里盛开！
诗人说：海上生明月。
我也是诗人，自诩的，因为
我由来怀抱太多的诗情与画意
足以支撑我活在生命的云端，
活在海尽头云水合一的雾霖中

当我读文字，我的意念间飞舞起电闪雷鸣的金色长鞭。在他人眼里十分孤独、凄寒的境遇中，我存留住爱。因为爱与热爱，我能够从人生的一个角落走向另一个角落。嘿，石头，我爱你；嘿，山林，我爱你！野雉如凤凰鸣于高树，我多么敬畏和景仰！

生命的海让我学会了生出欢喜。我喝的海水，经年累月在舌间酿成花蕾的味道。当我含着海水让它飞空寥落，我脚下的植物借走了它咸苦的盐分。而我的皮囊里，只剩甘怡，多么神奇的人生滋味。

海上生明月，那轮明月是你和

你们好——我渴望一一触及的灵魂！

嘿，自然，见你时，我欣欣然背着自己的灵魂和我灵魂里的海。瞧，我徒手绕去在海中穿进梭出，都干了些什么？我在这广袤的世间走来走去，把升起的月亮卷在海里，把自己卷在月亮里，忖度着照亮你。

记得在生命的海中，捎带一包臭豆腐，以化腐朽为神奇。

王开岭

2023.8.12

于北京

代　序

近日，一位编辑向我推荐了一本书，《走过一座海》，看这题目，颇有新意，于是读下去。开始是走马观花地浏览了几十页，很快，我被这本书的内容和语言风格吸引，细细品读，渐入佳境。

作者王柳云女士走南闯北，或学画、卖画，或当美术老师，或游山玩水，为了生存，也去打工，个中酸甜苦辣全都浸润在她的文字中。文章随着她身体与灵魂的旅途前行，看似信马由缰、夜舟横渡，其实每一句话都彰显了她对生活、对人生的感悟。她观察人、事、景物细致入微，语言亦庄亦谐，随处可见的诙谐和调侃使人忍俊不禁。

请看下面这段人物描写：

这人姓陆，近五十岁，脸长下巴短，脸皮蔫巴少肉，满眼写着“要钱要钱”。他成天在画场入口处呆坐着，见到体面的人便约去他家住宿，看见没油水的人便眼睛瞟视天上……见到我，姓陆的脸一黑，不看我，低头露个尖脑门，生怕我白吃他的饭。

看，像画师一样，寥寥数语活脱脱地画出了一个见钱眼开的小市民的嘴脸。

马姐六十三岁，头发黑而油亮，编成发髻，大方脸盘，五官标致，一看便知年轻时颇有颜值。她不显老，看上去只有五十几岁。马姐身材高大粗壮，仿佛有使命在身，顶天立地的样子。

可以看出，作者是带着感情写人物的，人物在她的笔下活了起来。

作者描写景物，意趣盎然：

鸳鸯栖于梦泽。三只毛羽绚丽的鸳鸯待在斜水树枝上，春天刚到，远处露着点儿浅绿，分不清是绿染

了天色，还是天落在绿色上……我画了一条激流奔涌的河，浪石险滩，两岸是怪凸岩崖和生命力旺盛的秋林，河水坚定地流向远方。我酷爱秋天，在秋天，我心中总能跳出许多伤感的密码，跳出许多奇妙的怀念和思绪，尽在这条河流中。

古人云："一切景语皆情语。"信然。

作者写自己的心路历程，也饶有趣味、富有哲理：

我生性热爱自然，自然中的一切美好在我的记忆里叠加、拼贴，哪怕是一小块苔石的光泽和遥远的另一条溪旁的一簇蓼蓝，只要意念一闪，流水飞来，蓼草、苔石、小泉组成的画面已在我眼前。

…… ……

我经历了太多痛苦和挫败，多到习以为常……所以早已不放在心上，枕着痛苦抱着失败睡一觉……接着另辟道路或从头再来。在此过程中，痛苦被批量灭掉，失败自己倒下，我踏着它们蹚过一条又一条河流。

文中还有很多口吐莲花、妙语连珠的片段，书里另有

王女士的数十幅油画作品。我对美术是门外汉，不能妄加评论，但有的画意境开阔，有的画雄浑粗犷，还是看得出来的。

范仲淹曾写："劲草不随风偃去，孤桐何意凤飞来。"作者对自己在生活中遭遇的困顿、失意，既不沉湎，也不退避，而是选择直面，正如她在书中所写的："我习惯了被蔑视和背叛，倒也没当回事。"王女士写出了这一切，写的是倾诉，也是自省与自我疗愈。

在这个世界上，每个人在生命中都会遇到酸葡萄，有人轻易弃之，有人则试图将其酿成琼浆，即使不行，也要吃下去果腹，王女士就属于后者。

文学是容易让人产生审美疲劳的，唯有一种文字为绝大多数人所接受，可谓老少咸宜，那就是用真情实感写就的原汁原味原生态的文字。

王柳云用饱含感情的笔触描写生活在社会底层的芸芸众生，她和他们同呼吸，共命运。他们的举手投足、一笑一颦、过往和当下的生活，作者和盘托出，让你品尝原汁原味、不加任何佐料的美味佳肴。阅读时会有如临其境、如见其人、如闻其声之感。这些故事在我们的情感深处产生回响，引发共鸣，这也是这本书中一道亮丽的风景线。

读完全书，我好似随作者免费体验了一场长途旅行，各地的自然风光、人文景观、世间百态尽收眼底。

透过书中的一些细节，可以窥见作者美好的心灵。她心存感恩，同情弱者，爱护小动物，把帮助别人视为自己最大的快乐。

我特别欣赏书中极具特色的语言，有时如在惊涛中踏浪前行，有时如黄河瀑布一泻千里，当然也有如数家珍、娓娓道来的轻言细语，没有华丽辞藻的堆砌，没有无病呻吟的作态，全书充满了正能量。

文学艺术是可以令人飞升的，只是在飞升的过程中，灵魂可能会失重，这时候，就要赶快回到现实中来，看得见的、可触摸的日常生活常常是对人的一种拯救。

书上常说，做人难，做女人更难。正如女作家萧红所说的："女性的天空是低的，羽翼是稀薄的，而身边的累赘又是笨重的。"从全书来看，作者的生存环境不尽如人意，生活本来就是五味杂陈，因此要好好给自己定位，学会善待自己。我年轻时看电影《地道战》，至今记得影片中的一句话："保存自己，消灭敌人。"你还年轻，生逢盛世，这就是值得骄傲的资本。

读完《走过一座海》，我有一种身子变轻、全身清爽

的感觉，就像品西湖龙井，刚喝时似乎没有特别之处，但入喉后细细品味，会有一种回甘之味。

我与王柳云女士素昧平生，但读了她写的《走过一座海》，我感到她是一个内心强大、心灵很美的女性：她的拼搏是一种美，她的追求是一种美，她的逆来顺受是一种美，她的怀揣梦想更是一种美。

《走过一座海》可读性强，确实值得一读，除了文字优美、情节生动感人外，这更是一本教你学会励志、懂得感恩的好书。它将告诉你如何去面对生活中的磨难和挫败、荣誉和鲜花。细细品读《走过一座海》，你会有如坐春风、如饮清泉之感，真的。

因为喜欢《走过一座海》这本书，我不揣浅陋，写下了上面的文字。

杨本芬

2023 年 9 月 24 日于南昌

目录

一·那盏昏黄的旧马灯

1 南辕北辙 …………………………… 003
2 明月双溪 …………………………… 014
3 西陂落日 …………………………… 025
4 时空倒脚行走 ……………………… 032
5 石板官道 …………………………… 040
6 亭台楼阁富豪地 …………………… 053
7 老树叶 ……………………………… 061
8 秋水离离 …………………………… 065
9 溪那边的葡萄院 …………………… 070
10 辣酸菜炒魔芋 ……………………… 076

二 · 油画村纪事

1　贴在墙上的后厨房 …………………… 089

2　天地一飞鸥 ………………………………… 095

3　房东却是故乡人 ………………………… 103

4　谁来做老师 ………………………………… 113

5　无可奈何之事 …………………………… 128

6　河源的雨 …………………………………… 136

7　曲散旧人归 ………………………………… 148

三 · 关山北渡

1　从前的年味 ………………………………… 163

2　海面的弧线 ………………………………… 167

3　不由你想 …………………………………… 174

4　地球上的风景 …………………………… 180

5　尘土飞扬的地方 ………………………… 192

6　为了回归传统的改革 ………………… 197

7　滚马图 ……………………………………… 204

8　许是半大未成年 ………………………… 212

9　松花蛋和土豆腐 ………………………… 221

10　会飞的船 ………………………………… 229

四 · 前世的故乡

1 郊外的海洼子 …………………………… 235
2 他乡吾乡 ………………………………… 243
3 搬家 ……………………………………… 248
4 凡实农庄 ………………………………… 255
5 寄人篱下 ………………………………… 263
6 昏糊的太阳 ……………………………… 267
7 费家村 …………………………………… 276
8 庸俗地 …………………………………… 281
9 流水营盘 ………………………………… 292
10 羁绊……………………………………… 310
11 地狱的门………………………………… 319
12 回到原点………………………………… 329
13 换了公司 ………………………………… 335
14 炸酱面…………………………………… 343
15 曼陀罗花………………………………… 349
16 突围……………………………………… 356
17 北京风好日 ……………………………… 359

一·那盏昏黄的旧马灯

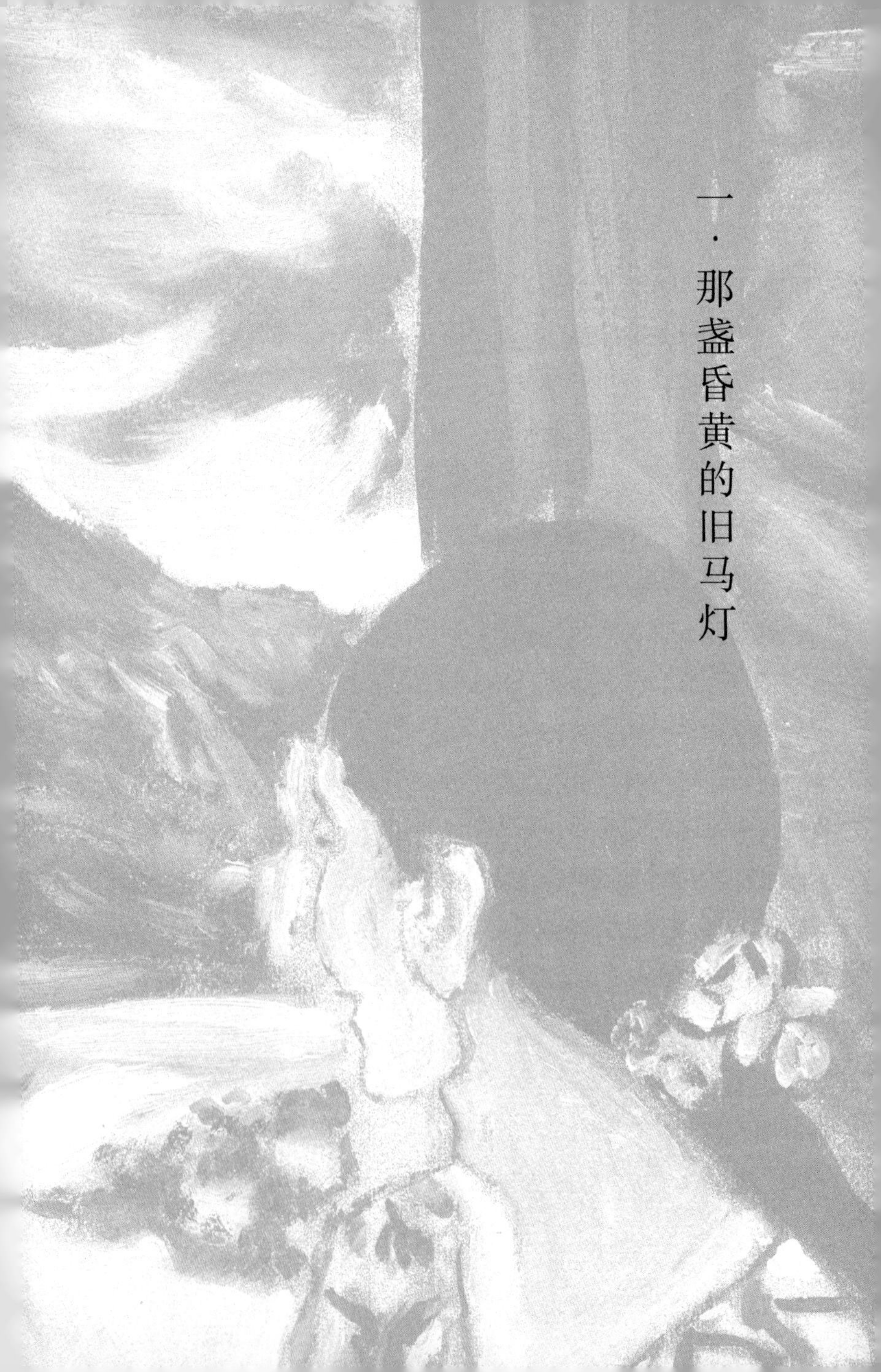

1
南辕北辙

做了那么多准备，但还得先去上海看一回女儿。打上海火车站买去福建屏南的票，可该死的是那张写有地址的纸条丢了。一位年轻的男售票员听说去屏南，一查电脑，坚持说我错了，只有南平市。我想那我错了，因为我已错一辈子了。就这样买票硬是坐到了南平市。

进站的火车停靠于江对面，站台低矮，接近江面。我到达时天近黑，乘公交绕一大圈，到达江左岸市区。大雨倾下，我在客运站附近下车，冒雨一头钻进一家旅舍，同温和的老板娘谈成六十元住宿一晚，然后换掉淋湿的衣服，洗了挂起，出门就近吃个便饭，躺下。

第二天一大早，我不急于赶路，在南平市区的街道闲逛。江水清且静，城外的山峻峭入云。城市建在江岸趋缓的丘坡地上，面积和我老家新化县城差不多大，但这儿的

人们节奏从容，这是一座慢城。

我沿河岸走马观花地游赏至上游的公园，问路人双溪镇在哪个方向，都说没这地儿。

我于是去旅舍取包退房，去客运站。它看上去建于二十世纪八十年代末，厅堂低矮狭小，入口处用钢筋栏杆隔开。我来到小铁笼子似的窗口前，说买去双溪的票。售票员一头雾水地说没有双溪，并问我从哪里来。我吓得冒冷汗，赶紧走到一边打电话给女儿，说："我记得似乎是屏南双溪。"

女儿上网一查，说："对哦！妈，你迷路啦！"

于是我又到小窗口前买了去屏南县的票，每天只有上午九点多有一趟车。好不容易上了车，车上只寥寥六位乘客。车在崇山峻岭间跳跃般前行，时而下低谷，时而又爬上云端，时而经过一处竖着牌子的路口，牌子上似是写着"红军第几路曾于某年代在此开展革命运动"之类的字样。

车在绵延无尽的山中蜿蜒前行，至古田境内，一片无边无际的桃花园映入眼帘，遮天蔽日地如在云端盛开。园牌上写着"某乡万亩桃林，届时欢迎观赏与采摘"——采摘当然是指桃子成熟时。

我兴奋地对司机师傅说："到古田我要下车去瞻仰古

田会议纪念地。”司机咬文嚼字道：“此古田非彼古田矣，这里是古田县。”他又问我要去哪里，我告诉他去双溪，他摇头说不知，我心里纳闷：他开车到处跑，为什么也不知双溪呢？

近中午，车停靠在古田县汽车站，下去了四男一女，又上来两人去屏南县。几分钟后车又出发，司机问我：“你一个外地人去屏南干吗呢？那里山更多呵！”我说：“去看看山吧。”

中午，到了屏南。这是一座崭新的小县城，像一个人刚套上新衣服似的。四周多山，汽车站也是全新的，宽阔高广，相比南平市汽车站，真是今昔两重天。吸取沿途的教训，我连饭也来不及吃就赶紧买了去双溪镇的票，生怕错过了又得挨到明天。车下午一点出发，还有半小时。我饿了，在客运站门外吃一碗扁草面，汤香量多且有肉，吃得我满足到大为震惊。

小中巴二十来个座位坐满，向双溪开出。在城北的广场，矗立着一座高大的铜雕像，为清朝的甘国宝将军，他虽出生于微末，却保卫疆土，功勋卓越。

宽敞而坚硬的水泥大道全是在国家新农村建设中如火如荼地兴建而成的。中巴车在随地形起伏的复杂山路间

曲折前行，沿着一条落差巨大且有无数瀑布的小河逆流而上。沿途很远才有村庄。车行四十多分钟，抵达双溪旧城墙外。

沿路春雨任性地下了几场，我的行包湿透，身上也是反复地干了又湿、湿了又干，散发出我儿时闻过的狗身子毛的气味。

双溪有一条笔直而敞亮的柏油路，两旁人不多。我的出生地颜家口，上游曲岐，我爹前妻家在罗家堂，河对岸是贺家洲，那里乌泱泱全是人，伙伴们如麻雀般聚散，叽叽喳喳，鼎沸不息，新化县城更是人多到举袖为云。后来，我移居浙江，那里更是群村密布。如双溪这般地广人稀之境，我头一回见到。

街边的人好奇地打量我，我问他们画城在哪儿，又问知不知道林正碌老师。他们多是羞涩地一笑，用土语应答，叫我说本地话。

可我不是天才，由来不懂双溪本地话呀。于是我决定去镇政府打听。我沿一条曲折的石板路找到镇办公处，那里的人给我指了一间屋子。屋墙用白灰刷成，玻璃明净，陈设简洁，里面只有两个人，门牌上写着“屏南县双溪镇派出所”。嘿，有事找警察，天经地义中国风！我礼貌地

打听林正碌老师，派出所的那位年轻警察非常热忱地走了一路，直接送我到油画城并找到负责接待的人——一位留着长辫子的东北女人。这位东北人其实是早先于去年到达的画友，一到温暖的南方便不回了。

我谢过年轻警察，又谢过辫子姐，她笑容满面地叫我跟她走。我好久好久没见过这么纯净的笑容了，而且是诚挚地向我而笑！

二〇一七年三月九日，我到了福建双溪，是因为在电视里的纪录片上看到林正碌老师在这里免费教画油画。二〇一二年，我搜集过有关深圳大芬油画村的信息，觉得神奇并心生向往，心想哪怕去看一下也好呀，奈何疲于活命，女儿的学业正值关键的年头，便放弃了这个念头。而如今，我已五十一岁，身体被钱吸干了血汗，工厂里的活干不动了，于是去饭店里洗菜刷碗，老板却屡屡说，即使我干得再好，只要招到更年轻的便辞退我。真是生无所望。我想，要是有人愿意找我去打扫卫生，那该多好啊，我能把一切弄得整洁如新。

我在二〇一七年的头两个月没找到工作，便出发来到双溪，打算走着瞧，先学习，再去大一点的城市谋生。

东北人辫子姐告诉我，她已退休，之前是有编制的干

部，眼下来此度人生的长假啦。反观我生无可恋，踏上双溪的土地，口袋里仅剩三百七十元钱。去上海时，刚步入职场的女儿给了我六百元，我贴身藏着留以保命。明天何去何从尚未可知，我的内心就如那寒冬里的野狗在破窗外哀号。

辫子姐带我去二楼见助理老师汪雨菲，给她身份证用来登记。汪老师发给我一大一小两杆猪毛画笔，一块颜料板，两块长四十厘米、宽三十厘米的麻布包框小画板，让辫子姐带我找好旅社再回来开始学画。

这座油画城由三幢高六层的外廊相通的新楼组成。一位在福州经商的本地人回到此地，买下这片上好的地，建成商业住宅售卖。竣工后，五六万一套的房子一毛也卖不出。双溪的农民大多外出谋生，有能力者在厦门、福州购房，或在屏南县城买地建房，再不济也在自家宅基上盖房子，花二三十万足以建六层且里外装修精美，谁买你的大鸡笼呢？于是，开发商还不起贷款，双溪镇政府只好收回这片占地一万多平方米的楼宅。当地想开发旅游业，因此免费给林正碌老师使用。林老师提一句“人人都是艺术家”，为的是招揽各地怀揣梦想的人前来休闲、观光、游历或驻留，从而带动经济发展。

辫子姐带我去看旅舍，可都要八十元一天甚至更贵。我心想，一座偏僻的山村，住宿价格竟比南平市区的还高！我打算三天后马上离开。

我问："哪里有更便宜的？这里我不住。"辫子姐又带我向画城里的本地人打听，得知有一位从四川嫁到此地的六十岁女人在管理基督教堂旅社，二十元一日一夜还包热水。傍晚，这位李姐来接我，我见她是位非常和善的矮个子女人，于是又打消顾虑，一次性交了一星期的房费，便开始学画了。

我在街上的一家小面铺囫囵地吃了点面，回到油画城二楼汪雨菲的办公室，拿上免费给我的画板、画笔和画架，她带我去找画室。宽阔的回廊中，来自各地的画友、游人穿梭不息，两侧的大房间都是公共画室。走在我身边的汪雨菲秀发垂腰，个头中等偏高，身材弧度优美，脸色有点苍白，但五官标致，说话温柔细腻。

每个房间里都有三三两两的人，或坐或站，正在画画。汪雨菲告诉我，随时都可以在任意一间学习，我便挑了内侧一间只有两人的相对安静的屋子。她教我支好画架，问我第一次画什么。我想起在纪录片里反复看别人画的那盏马灯，那灯我看了十几次，于是请她教我画马灯。

马灯恰巧就在屋角的一张破桌上，可眼下它只剩锈迹斑驳的钢皮底座与灯舌，我一年前在电视里看到它时，它可是铁丝圈架与手提环俱在的啊！

汪雨菲说："画它的人太多，损坏到只剩这点骨头了。"我一看那角落：跛脚板凳、歪桌子、烧煳的木头、古怪的石头……没一样好物。她又告诉我，这些全是被村民们扔弃的东西，画场捡来给大家学画用。我心下明白了，巴望她教我动笔。

"你用你自己的眼看它的形状，然后照画，并动用你的创造力，将它被磨损的部分补画回来。动手吧！我去忙了，回头再来看你。"

她在我的色盘上提示性地挤了些颜料，便轻盈而去。我失望至极。这么简单而破败的灯盏，黑不溜秋的，什么颜色也不像，画了也没意义，可我准备了一年，就是奔它而来，哪能不画呢？电视里那位六十岁的姐姐独自花七天画成，我可不能用那么多天——口袋里没钱！于是我只能面对它，画！

我蘸了些棕色，又加了些群青，才一分钟，就把灯座画成狗屎的色状。太悲哀了，怪不得今生受尽藐视。我硬着头皮把瞎涂的外形勾得圆润一点，再在灯舌那儿加点黄

色，表示灯被点亮的样子。

哦！只这一笔，一瞬间灯仿佛真的亮了，把我带回了童年。家里的一盏小煤油灯优先供奶奶那屋用。她终年在路旁、地隙和山边一小片洼地种几十株棉花树，秋天棉花收获后，棉花树用作灶柴。奶奶细细地挑拣棉花里的碎干叶，并剥除棉籽。到了冬天，这些白如云朵的棉花被一一抹匀摊平，缝制成一家人的棉袄。奶奶仍留着她的纺车，将最次的泛黄剩棉“咿呀咿呀”地纺成线。腊月寒冬，村里的破落户杨美高夫妇的妹夫扛来一台织袜子的机器，奶奶便拿纱去织一家人的袜子。

我由来没明白，那年头，那户人家从哪儿弄到了织袜子的机子并学会了那门手艺。可惜杨美高的茅草屋太小，容不下我进，我只好在外面和曲岐的玩伴们捡石头搭房子。

我也由来不明白，连煤油灯也点不起的年代，人为什么那么忙。我父亲在廊外的月光下编织竹篓，但我从始至终也没见他织出过好看的篓。竹篓歪七扭八的，太过难看，只好自己家里用，还引得上下两村人嘲笑。其实，月光比豆灯亮堂呵！

想到这些，我不顾灯座画得难看，不由得画起了玻璃

罩外昏黄的光晕。先抹棕色，嫌暗，加点白，不像——灯火通亮时闪现红光呀！于是我抹上大红。很神奇，我童年里的昏灯闪烁，把这几种色彩反复揉抹混合，内圈又加金黄，往外扩散，渐暗。它照亮了我的屋子。

对我的妈妈，我那么爱，那么依恋，望着她便心安。可她脾气暴躁，成天怨恨，做事毛糙，在暗夜中忙活白天没忙完的事，夜深了还没煮好傍晚的饭，昏暗中在门框、桌角磕碰了头或手，便在那屋里呼山骂鬼，我急急如律令举灯去照她，她又哭上了。日久天长，年少的我染上她的痛苦。我想，等我当家，必把家里所有破烂都扔弃。有多少压根用不上的旧物堆积在那里，碍眼又碍事，磕磕碰碰，留着干吗呢？

汪雨菲悄悄来观察我画画，已于身后立了一会儿，我没察觉，她一拍手吓我一跳。“好！”她说。

好吗？几十年灰暗长河，今天忽然听到一个“好”字，耳朵兴奋但心不相信。况且我压根犯着迷糊，没画出来。我问她：“汪老师，这玻璃罩怎么画？还有马灯外那个用来提灯、固灯的铁丝外架，我也不会画。”

汪雨菲说：“那个不用画了。你完美地表现了光的神秘梦幻，像诗那样美好。”听着她青春靓丽的口里吐莲花

似的把我的胡涂乱抹夸成这样，我实在不敢相信，可心里直高兴，甚至有春风得意马蹄疾的快感。

她看了眼手机，时间已近黄昏，便交代我去先打理妥当，住宿洗漱，明天不必来得太早，可四处走走看看。

画画就是画我们在人生中面对的所有。此时我与我的人生面对面，心中圆满、感激。

2
明月双溪

清晨，我前前后后张望了一番，从旅社走上那条南北方向的柏油路。昨天就是打这条路来的，匆匆行过没留下多少印象。

屏南的春天阴湿、多雨、乍寒，路上一地的泠泠细水，空气里沉淀着风的香味，这感觉我只在二十多年前于湖南绥宁山区有过。在我老家新化的春季，同样的雨天感觉却不同，老是发闷。而在浙江台州我那海边的家，这雨天固然司空见惯，可却更有差别。在台州，往往冬天还没过去，海息已将春送来。正月没过，遍地枇杷花、桃花、杏花争奇开放，温度上升得像马跑那么快。我想慢慢欣赏新绿的绽放，可一眨眼已漫山浓绿。

为避雨水，我从街廊边小心走过，到正对油画城的十字路口，才过早上六点。哦，那儿有个小集市！这种早

已只存在于记忆中的事在这里仍保留着，我顿时欣悦无比。因为压根不会有车经过，所以道路中间也随意摆着菜篓。本地人戴着雨笠，甚至披着棕叶编成的蓑衣，用簸箕装着葱、绿叶菜、白萝卜、腌咸菜、辣椒酱等，都是自家制造。让我大开眼界的是，每个箕杆上都挂满了各种野草，有麦冬、苦槠子、七星、满天星、雷公仔、矢车菊、车前、野芝麻……还有很多我叫不上名的。这些在我老家全是当草药用的，后来我才弄明白，这儿的人把它们当菜吃。我在十字路口转了一圈，问了菜价，非常便宜，可我要了也没地方煮呀！

我拐进石板街，街约三丈宽，约合十米，原原本本地保留了三四百年前的模样，历经岁月至今未变。街边的铺面都是青砖嵌木板的二层门楼，商住两用。积淀着岁月风尘的瓦顶上淅淅沥沥地淌下雨水，溅起苍苔的气味，深褐色的雕花木板墙抚摸我的视线。这是我昨天去镇政府打听林正碌老师时走的那条街。我顺着街道望向民居密集的古镇的尽头，群山白雾蒙蒙，头顶春雨泠泠。

我找了一家小店，花一元钱买到两个很大的缸饼，里边包着红豆馅，味咸，饼上撒有芝麻。咬一口，香甜酥热，真是人间美味，我顿时热泪双流，人世间怎有如此惬

意之地！

八点多，我上了画楼。走廊上，一大群人簇拥在林正碌老师身边。我已在电视里见他多次，这是头一回亲眼看到。他一九七一年出生，形容枯槁但很有精气神。他曾在莆田做画商，见过大世面，也见过大钱，却在四十三岁时突发脑梗，从头上取掉两片小骨去除瘀血再装上支架，才捡回一条命，这是另一位助理老师后来告诉我的。病后，林老师一夜证悟，命和钱都已不再是事，改为别人吧。他来到屏南，见到千百年来藏于深山、保存完整的古村，深感这是民族文明的刻印。他致力于修复古村，为让世人知道此地，便打出“人人都是艺术家”的标语，免费教大家画画，却意不在此，这是我后来才弄明白的。

林正碌老师的声音中厚温和，闪念间露出微笑，表明在这面容的覆盖下他时刻在另做思考。所有人向他问候，并拿画请他指教。我心怀喜悦与感激，探上前问好，脚立于人群外。汪雨菲老师在一旁告诉他，我就是昨天刚来的画马灯的王柳云。

林老师笑得更真切一些，说他昨晚已看过我画的灯光，火焰画得真实而唯美。初次见面，老师居然称赞我画得唯美！我不敢相信，又顿生信念。他很忙，交代了助理

几句便与司机去了别的古村。那些成片的古村落，林正碌带人逐个修复，工程浩大、烦琐且艰辛。

汪雨菲找来几名来得比我早的画友和我一起在昨天的那间屋子学画。她让我们把面前的残木头、歪桌子和跛脚板凳画在同一画面里，限时一上午，又说了那句“老话”，让我们用自己的念头、自己的眼力、自己的手，画这些东西。说完，她转身去了别的画室。

汪一走开，我们便开始聊天。从北京来的李姐财务自由，五十几岁，美而有气质。她的忘年交小李是南京的高级白领，出于热爱，请了三个月长假来此学画。这两人在双溪相遇后便形影不离，互相照应。从天津来的大高个老张小我几岁，是个老牌大学生，几年前仍是一家大饭店的老板，现已退休。他妻子是某家国企的高管，去广州开会，顺道把老张捎到这里解闷。一位是来自安徽的退休男教师，个子不高，性子很急。他揣着一本厚厚的钢笔线条习作东张西望，那是他半生的心血，他拿来请林正碌看，并向我们一一展示。

还有一位瘦高的秀色女子，时年四十岁，属马，性格直率热情，露着花滴蜜汁般的笑容。我向她自我介绍：“我是王柳云。”她便说：“哦，王柳云姐姐，我喜欢你。”

她叫陈丽云，是内蒙古通辽人。她低头看看，又说："哦，王柳云姐姐，你穿的鞋子比你的人更精致，在哪买的?"我说是浙江老家的亲戚送的，这在我们那儿是稀松平常的商品。我又向她描述浙江台州与宁波的海。我们家老一辈的亲戚到相邻的石浦赶海谋生，并定居在那里。去年腊月，我携礼前去探望，其实为的是近观深海，并赏游那一带历经千年繁华的古镇。亲戚回赠我很多野生海蟹、海鱼，还有鱼干，并送我这双牛皮质地、鞋面覆盖着黑色兔毛的平底鞋。就因为这些兔毛，便宜的鞋子风情大改。穿着它来到双溪，一路走来，人们大多对我看鞋不看人。

我喜欢和能聊到一起的人结交，喜欢四海春风天下路的人生。互相谈天说地一场，几个人马上打成一片。大家开始画画，边画边讲白搭。

我们要画的这种跛脚板凳，我家里一直都有。我父亲一生爱惜器物，所有家具都是他储蓄钱粮，一年年、一件件地从败落的富人家买回的。旧时富人家的物什，哪怕只是一条寻常的板凳，也木料厚实，有着红色土漆的面，做工精致，观感与手感都仿佛得到神的眷爱。而眼前这种已显露木纹的枞木板凳，我们颜家口的村民家家有几条，我抚摸过它们几千遍，形态、纹理都烂熟于心。仅仅

用了一个小时，我便把屋里的几样东西搬到了画板上，不过是提取记忆而已。

下午，我们又照着一盆紫罗兰画了一幅。晚上林正碌老师在大画室里教所有人画一张纸。他把一张平整的纸折起一角，又揉皱一角，然后把这白纸贴在墙上，让大家画出它在灯光下呈现出的光影。同样地，他不会给出任何提示或建议，全由我们自己发挥。即使再来几万人，林正碌所讲的唯一课程也是画纸，他的授业真像如来提示的那样——不可说，不可说。

因为一天只发两块画板，所以我有很多的时间走出画楼去双溪的老街闲逛。

在屏南奇峻的群山之间，双溪是一块天宝般的小盆地。这里民风淳朴，人民勤劳而有智慧。我去时，只见每一寸山坳都种着蔬菜，每一处陡坡都种着桃李果树。当地有种叫锥栗的原生栗种，改良后皮薄而甘香，漫山漫坡地种植。当然，这也很招松鼠、果子狸、仓鼠的喜爱，在人们采摘售卖前，它们已经吃饱，并在我们找不到的石缝里储存充足。

在灌溉便利的低洼平地，乡民们才舍得种上稻谷。福建省的农业合作组织非常细致地关照着每一位地处偏僻

的农户，菜和水果一律包销，他们也可以自行销往各地。我不由得想到，在人多地少的浙江，人们饭桌上的蔬菜瓜果有多少来自这世外深山啊！

张、陆两姓为双溪巨族。唐末，张氏太祖得罪了朝廷，他的挚友陆氏出手搭救，两族人马带上财物星夜南逃，躲进深山老林。那个地方叫前峭，他们在那儿耕读繁衍几百年，不敢出山。到了南宋，一位从后峭出来的读书人入朝为官，光耀家族，才开始在双溪这片至宝盆地拓荒。为了报答陆氏的搭救，但凡平坦一点的坡塬肥水之地一律给了陆氏家族，陆氏宗祠也居中心要地。至于张姓，即使在南宋名臣张疆在任时，也只在西北山坡边建了宗祠，祖牌左位历代供奉写有“恩祖陆某某”的牌位，可谓没齿不忘救族之恩。

这里虽然地形险峻，但为闽北之地，北近浙江温州，东离海路咫尺。茶叶、香菇、木耳、布匹、干货于此地集散，再转运出海。短短几百年过去，这块方寸之地富商巨贾云集。从这里出发，北抵政和，西取南平。人们在山谷间取直线，铺设了石板官道，遥远的高山秘境也能速达，贸易畅通。

镇西近山处建有文庙，供奉着孔圣人，文庙北侧建

有高大的城隍庙。小山顶上曾是书院，砖雕的山门精致华美。从南面山脚出发，攀登九百九十九级宽大的石阶便能到达书院门口，而在文庙旁则有三百六十六级稍陡的石阶通往书院的山门。如今，古老的书院改建成了双溪镇第一小学。我前去游览时发现，除了新建的教学楼，办公室仍沿用数百年前的旧舍，非常有趣。

双溪的春天里难得的晴天也总是水雾氤氲，灰云低矮。我是那么亲密无间地迷恋这座古镇，日日在那些七拐八折、沉淀了岁月的石板深巷里行走，穿梭于衰颓、废弃的厚土墙洞之间，而它也以几百岁的昏眼亲切地观我，我与双溪互为敬亭山。

双溪的古建街屋大多高三层，用粗壮挺拔的柳杉木做梁与柱，榫卯结构，青砖与夯土墙外刷上千年不败的石灰浆。宅邸称厝，如张厝、陆厝、蒋厝、甘厝等，刻于大门左上角的砖或石板上。房屋历久弥新，深红色的土漆大门上保留着寓意富贵荣华、子孙昌盛的浮雕图案。门内天井里的小花园大多保留着巨大的防火用的厚实陶土水缸。曲径通幽的木梯宛转通往三楼，四面回廊有雕栏扶手与长椅。

今人仍住在这些古屋里。我走进一户人家，又走进一

户人家。人们非常愿意引我进厝里看遍上下每个房间。家家户户的天井里种着奇花异草，许多是祖上栽种于此的。当年防火用的水缸里换上了自来水，用来养鱼，也种睡莲，古老的睡莲活到如今。

我请他们放慢语速，才略微懂了点土语：天要下雨乌云至叫“天墨”，归来叫“登”，洗澡叫“洒身”……我学了几句，他们便乐得笑破肚皮。遇到热心的女主人，为我端来甜米酒煮鸡蛋。我一边喝，他们一边告诉我，很久很久以前祖上曾当过清朝海疆某处的提督，又或者他们的第几房第几叔祖去了南亚或欧洲某片陌生的国度。

我沿着西山那由南向北蜿蜒而上的九百九十九级石阶攀登，行至中段近文庙处，见一座并不高大的幽深旧宅。门前有一口深井，紫红色的石砌井台外呈六边形，内口圆，旧石槽、洗衣石台俱全，雕纹犹在。葡萄藤爬满了前庭巨大的旧木架，继续爬上屋檐西侧，可是它虽然果实累累，但果实又白又小。初次经过时，我只简单地感受到这庭院穿透岁月的沉郁之美。直到有一天，我第二十次经过这里，才踌躇地走进那座宽阔但不太高的宅门。

里面是三进院落，两边为幽静的厢房，中间是个不大的天井，盛开着繁花。看样子，种花是此地古老的传统，

有许多花我从未见过。我向一位出来迎接的中年男子问好，告诉他我想参观这座宅邸。这男人虽然以种菜为生，却生得斯文秀气且白皙。他很欢迎我，向我介绍说他的太祖父在清朝末年是这一带有名的画师，曾为县太爷画虎、画山，他家几代人传承画技。谈说间，他带我上二楼看证物。那是一块樟木大画板，宽近一米，长约两米，厚一寸，已经黑到发亮。我明白了，在那个年代，画师将纸铺在这块板上，以墨作画。

然而我实在不明白，这么个麻雀窝大小的地方，为何出了如此多的画师，莫非在旧时能靠卖画养活一大家子人？于是我向他发问，这位陆姓村民瞥我一眼，说他的曾祖父曾把画裱好后用马队驮出深山，走海路送往南洋。有很多更早漂泊到那里谋生、定居的族人看到来自故土的画，便以金子买下，还有的画卖给了南洋当地阔绰的外族人用于收藏。

然后，他更自豪地说起他的一位叔爷在一百多年前就去了欧洲，也是因为画画而去的，他堂哥的儿子在英国留学后也成为小有名气的画家。至于他自己一家，他的爷爷当年作为长子，要继承房产和山林，便留了下来，后代包括他自己，对画一窍不通，也再无兴趣。

祖宅保存完好，而他意下很怪爷爷古板，当年没走出去。

门外的这株葡萄，是曾祖父修葺这座宅院时从国外带回的洋种。在遥远的当年，它是风光之物，粒粒果实像新绿的珠子似的。他叫我待到熟时来摘点尝尝。

一株葡萄藤与一口石井，相守走过百年的时空，见过几代人来去。

奇怪的是，我当初第一眼看到这院子，就决定画它，可怎么也画不好，在与它的主人相会后，只用一下午便一气呵成。

3 西陂落日

“陂”这个字我很喜欢，古诗人描绘山野风光，一再用这个字表现地貌，我深有同感，这是我的出生地那再熟悉不过的地形——一种趋缓趋陡、且宽且窄的坡地，可种植也可行走。湖南人、湖北人就是在这样的环境中且行且阻，砥砺前行。

在双溪镇西，穿过通往学校的石板路，山坳旮旯里有一片几乎废弃的夯土木板房，一口不知有几百年历史的小池塘仍用作浇菜、洗菜池。在当年，人们在这里捣衣饭牛。池塘四周密集地生长着紫色的水芹，这是种好吃的野菜。鹅非常喜欢吃水芹，吃了能下出香香的蛋。所以，后来我画鹅在小溪里嬉戏时，便在水边画上一片水芹菜。

走过这片年代久远的旧村居，下缓陂。正值农历三月，双溪春色浓艳，麦豆苗紫色的花、茼蒿黄铜色的花、

萝卜白色的花、杜鹃殷红或蓝紫色的花，都如火如荼地怒放。我第一次见到野生的紫杜鹃。

陂路旁，野山竹丛里一夜间蹿出好多甘甜而脆的小笋，我随手采了一大把带回旅社，加入辣椒炒点肉，便是一天的美味佳肴。

陂下的那条溪水就是双溪中的西溪。溪对岸为西山，山上有一大片梯田。溪水发源于峭顶的山涧，曲折细美，时泻，时掩，时淌，溪石奇美怪突，两岸幽兰杂灌丛生。

这是一片在任何山地都不足为奇的坡陂之地，最初我为看陆氏古村才来这片陂地，后来在这一角会了三次画友，对眼下已决定的心路影响至深。

我刚到双溪时，每天清晨走过油画楼前的十字路口，总能看到一个微胖的女人坐在那儿。不知为何，在一个太阳的金光仍掩映在街屋背后的清晨，我突然有种抱住她痛哭一场的冲动，就这样认识了她，又邀她在同一间画室里画画。

她叫吴贤。几十年前，她生意失败，丈夫不告而别。她在气急与失意之下患了重病，临死却身无分文，被人于昏迷中悄悄扔到一座荒野破屋，醒来后得到农民搭救。据说她自学医术，用草药治愈了自己，然后回家找到被丈

夫抛下的女儿，带着她乞讨，捡垃圾桶里的食物，就这样过了好多年……眼下她五十岁，依然身无分文。在颠沛流离中，她女儿连小学也没上完。现已十七岁的女儿在通辽市和男友开了家小店谋生。

吴贤一直热爱绘画，也和我一样通过纪录片知道了林正碌老师，便来到这里学习。她住在街边小饭店的楼上，一天吃一顿五元钱的面条。我震惊于她命运的坎坷，便邀请她以后随我回浙江，我们一块打工挣钱，她可以住在我家。

可吴贤坚决地对我说，她绝不会去打工，以前在广东有很多人给她找过活，但她就算乞讨也不要打工。

听了这些话，热的心又冷了下来，此后我便不再提。但她的性格确实温柔。我们一起画了几天，她日日夜夜坐在画板前，痛苦得无以动笔。我和她聊天，才知道她竟然画不成一条直线，在她视觉的指挥下，呈现于笔尖的全是些歪歪扭扭的线条，可她又压根没有半点画抽象画的思维。尽管如此，她固执地渴望画下去，而且无比迫切地追求成功，因此备受煎熬。

她早早地买了个时尚的智能手机，学会了用微信交友，并在网上学一种叫“成功学”的课程。一天，我俩游

玩到西陂的溪边，她郑重其事地告诉我，她快发财了。

鬼才相信。我听了这话只觉得荒诞不经。

可她很认真地说：“我先想象有很多人来买我的画，然后隔空对天说‘我要成功，我要卖画’。等着吧，好运将来！”她说这话时，仿佛钱正在半空向她涌来。

我多说什么也无用。她吃了那么多苦，受尽罪孽却认为理所应当苦去福来，真的太痴太傻。我暗自决定，在这里再学一阵子画，便去打工养活自己。

吴贤学了一年画后，再以“成功学”劝慰自己，想着天上将掉一个殷实帅气的男人与她结婚，就连草原上的婚礼场景也已想过千万遍。但直至今日，她仍孤身行走于旅途。

后来，吴贤回通辽看女儿，又从那里去广州，与曾经一起做公益的友人游玩了一圈。她真活出了个洒脱自在。而我也知放下，可人生在世就是为了担起责任，所谓放下，应是舍弃不必要的虚望。

离开双溪时，吴贤送我她刮画用的小刀，这把小刀我一直随身带着用到今天，这些年买过很多刮刀，但没有任何一把比得上它。这把小刀是我陪她在双溪卖画具的小摊上花六元钱买的。几年了，我天天用这小刀，时时记起

吴贤。

另一位画友叫瑶，小我一岁，北方人，生活精致而优渥。她是北方某城一杂志社的摄影师，父母颇有地位，丈夫是一位导演。可是瑶的独生女儿有些异常。

她们母女刚来学画时，那位二十四岁的女儿对着身边的画友们挨个来了一通难以描述的肢体动作与眼神。没过几天，所有人一见她们便远远逃离。我的画室里原本挤了十多人，因为这母女俩的到来，都逃逸了，只剩我岿然不动。

那女孩常因与母亲一语不合便尖叫、跺脚，然后跑到二楼大厅入口处沉沉地盘坐于地。公共洗手间也在那，人们穿梭往来，地上满是颜料和污水，浸透了她的衣裤，她却全然不顾。瑶只能干怄气，脸色铁青，没半点办法。

我上前对那女孩说："元元，咱们要不换个更好的地儿坐着玩？"

才说一句话，她乖乖地起来跟我下楼。我带她去街上的商店瞎逛，想买个缸饼给她，心想她若不吃这便宜小吃，我就自己吃。她见我拿出钱，便开口说："阿姨，我想买。"我以为她要自己掏钱买，不料她把我的钱递给摊主，接过饼，吃得有滋有味。

“你的钱呢?”我问。

“钱?”姑娘很诧异,“我没钱,也从来不买东西。”

我心中惊呼“老天爷”。

我带她回瑶身边时,瑶正失去至宝般忐忑不安地四处张望。我劝瑶放手,说再这样下去直接勒死亲生女儿了。瑶于是十分谨慎地给了女儿三元钱,放她独自出去,想买啥就买啥。次日,瑶又给女儿五元钱,并像捡到金鸡蛋似的四处炫耀“元元学会花钱了”。她让女儿与我分享食物,女孩掐下一枚指甲盖大小的饼碎给我。

在一个雨过天晴的日子,我约瑶母女去西陂的菜田游赏。我教元元认识植物,她非常开心,跟在我身后又是拍照,又是唱歌。可瑶不知说了句什么话,元元突然又跳起大神,蹦得老高,狠狠地盘坐在辣椒地里。

后来,在农历六月的一天,我正走在大街上,突然有一个脆生生的声音叫我“阿姨”。我看了好一阵,才发现是元元在马路对面。她阳光而率性的脸上向我飞来笑容,眼睛明亮,穿着时尚,我这才看清她是一个个头近一米七的大姑娘。我走过去,她拥抱了我,说她们要回北方了,离开前买点土特产。

瑶向我笑笑,自顾自地挑选商品,然后用手机付款。

那时，我五十年来头一回买了智能手机，但不懂怎么使用，便向瑶讨教何为微信支付，瑶却傲慢而神秘地不透一词。

几天后，我请双溪镇农信银行的工作人员为我开通了网上支付，并请她教我操作。这样一来，网友就可以直接从网上向我买画。

在这片若放在别处则不值一提的西陂，我还约见过另一位改变了我人生轨迹的贵人。二〇一七年深冬，来自安徽阜阳的李晶晶游历至此。那几天正逢鹅毛大雪，下雪于我是最值欢喜的事。我带她一起踏雪攀登陂上的险峰，尽兴而归。她指出了我绘画的瓶颈，后来还力劝我去深圳大芬油画村实地学习。我那时正要寻找下一个学习的目的地，于是便答应了她。

走到今天，我非常感恩李晶晶对我的真诚引导，这是后话。

4
时空倒脚行走

离开出生地在外，我便再没找到过方向，在双溪也是，全凭太阳升起的方向判断。所以时间只是一种人为的定义，是用以记载我们生命的一种形式。

我花了大量时间在村间和野外游走，和每一块石头、每一处流水、每一片山林、每一棵树相识相知，看它们的形状、颜色、明暗，画时可以东填西补，有时足不出户一口气一天画三幅画，有时半个月也纠结不出一幅。

我女儿给我买了两本厚厚的世界名画册，但除开颜色上的参考，别的用不上。外国人的房子不是中国人的房子，外国的山里没种中国山上的植物，甚至外国的鸡和狗脸上的表情也绝不像中国农村的鸡狗那样含蓄。所以我敏锐而勤恳地一再向眼前的自然学习。学习是多么简单的事——遇见它，理解它，再用颜色把它表现出来。

当然，说得容易，画起来就难多了，否则我也不会白天快乐，夜里痛苦得睡不着觉呀!

从双溪往东约一点五千米有一座北岩寺，由陆氏始建于宋朝，保存至今，匾额是几十年前赵朴初先生亲笔题写的。门前的一株紫薇树已有近三百年树龄。溪水从寺旁两山的夹涧中流淌而出，一座古石桥跨于溪上。过小桥即是王院村。那是一座蚂蚁头大小的村，自称从太原迁来。七厝夯土老屋呈梯级状散落于巨崖脚下，那岿然不动的山顶巨石犹如老天爷的帽子罩在上方，山腰近七十度的陡坡上居然种满了锥栗。政府为这座小村把水泥马路修到了山腰的栗林下，从对面的山脚下看去，马路就像村子挂着的一条大腰带。

北岩寺的景色浑然天成。寺前的正墙从前兴许是由木板嵌连而成的，由四根巨大的木柱等距支撑，下有方条石当地梁，门楣上又横有木梁，瓦顶为重檐歇山式，宽大的屋檐越过巨梁向外延伸。

走进寺院，首先映入眼帘的是一个大天井，天井下有一汪荷花锦鲤放生池，池里是活水。屋旁高处的地面开凿了一条小渠，从西山脚下的溪流引水，再分成三支：一支进厨房供水；一支绕殿一圈，冲进茅厕，那是年代

久远的超豪华抽水马桶，这些水最后流入土地当肥料；中间一支从墙后穿暗槽流向天井的荷花池，又打廊檐下的暗槽流回西溪。设计巧夺天工，任你多少和尚，都不愁没水喝。

寺院分为前殿和后院，中间是主殿，左经舍，右僧堂，走木梯上楼，是旧时藏经书和法器的地方。殿顶有四檐、六角、八翘、一条龙：四檐为前檐、后檐和两侧的飘檐；六角除了四个瓦角，屋脊两头还各翘一角；八翘则是两重宽檐各翘一角，朝天空弯出让人着迷的弧度；一条龙便是屋脊。屋脊连带着翘角都用彩漆绘有龙云祥瑞，各角则有镇兽或飞鸟，雕梁画栋，千百年间几经修缮，仍然美轮美奂。我少时梦想成为建筑工程师，看得感动不已。殿内供奉着释迦牟尼坐像，庄严大气，目深如慈海，为泥塑金身。

北岩寺坐北朝南，背靠一片坡田，左有矮山梁，右有笋石山，如稳坐金椅。西溪从大山中流出，从堂前绕过，流经寺前古老的拦水坝，形成蓄水塘。坝面的青石宽而平坦，供洗衣、洗被子、夏天洗身用。向下游约百步，便是古老的石拱桥，栏杆上雕荷花、牡丹与吉祥的神兽。桥下有各种兰草和野蒲，它们的根茎是极好的药材。靠北岩寺

这一岸的桥头石柱上刻有桥名“听风桥”；另一头的柱上写着“听松涛，观明月”。

确实，即使如今山上的老松被伐得所剩无几，那山风的唳鸣仍使人吊胆惊心哪！

寺左有一条保留千百年的石板官道，从那里往北可达周宁，离政和很近，过政和便到浙江南端的苍南之地。所以，北岩寺不仅是寺，历来还有驿站、馆舍之用。双溪曾经是重镇，山路艰险，行路者大多在此求平安。古往今来，人们走过檐下的廊台，走上东西两侧的石阶进入殿内，还未见佛，对佛陀的虔诚与景仰之心升到脸上，在绕过天井的荷花池后，不约而同地俯身跪拜。它如明珠般留存至今，闪耀着千余年的辉煌。

那时，我伏在听风桥上，还太浅薄，体会不到这座寺庙深厚的沉淀，只惊异于它美的质感。我立于南面与它对视，不知为何有种画下它的冲动。这座名刹尽人皆知，若画不好，会沦为笑柄。但我考虑了一晚上，悟出道理来：这辈子笑我的人太多，怕啥！

我起了个大早，拿块长八十厘米、宽六十厘米的大画板，还有两支画笔、三管颜料，天蒙蒙亮时便出发，好赶在那些等着看笑话的人出门前先画好结构。

我走上石桥，伏在石柱上计算版面，在中后处画一条屋脊，以此为基准开始画前瓦顶和重檐，再计算正墙四根大柱的间距、大门的位置和檐下的廊台。

北岩寺在我的画板上高约三十九厘米，前景画这条溪流，后景画越过寺顶望见的山顶树林，左边让寺倚靠奇险的石山。我那时没本事，无非写生而熟，重要的内容仔细描绘，周边的山和田地为烘托之用，只简单概括。

我沉浸在对寺院的计算和构筑中，画得很快。寺里一僧人走到我旁边看看，又悄悄走回寺里，然后住持和另一位僧人到溪对岸来，笑眯眯地叫我：

“来呀，来呀！见你画得很好，坐到我们这寺里来画。”

正好，瓦角的结构我看不清楚，木墙中间的板门是如何嵌入、开合的也看不清，便想都没想地走进寺庙，在那里画画改改三天，还吃了他们好几顿饭。那幅画完成后就挂在寺里。

住持释印柳一岁当童养媳，三十六岁出家，此时六十几岁，是位声音温润、开朗爱笑的师尼。我哪好意思吃出家人的饭，之后便买了一包米和水果用自行车驮去，从此也和他们成了朋友。

这幅画的完成为我两年后在官庄中学画《清明上河

图》中的房屋打下了很好的基础。因为实地看过宋朝的建筑，所以更能得心应手。林正碌老师评价我画的双溪古街：“你能画出这么多比例适当的建筑，也是可以成为建筑学家的。”

当时不以为意，后来想起林老师如此高抬我，深感三生有幸！

很多人一提油画便口口声声地说“写生”，而我由来觉得“写生”的“生”字给人一种冷清清的距离感。那么，我写熟，行吗？我熟悉的事物，就是我生活中的百景。遥想张择端，便是画出了那个时代的万象，我们每看一回，都是时空倒走，再次与唯美相逢。

林老师虽然不直接指导我们画画，但他会看画、看人，对所有人都知底。有一阵子，内蒙古来的陈丽云专画人物，邀我及一干人都画人物。一群人在另一个画室里画了一两天，林老师找来，把我未完成的人像拿走，温和地说：“王柳云，回你原来画室画山水风景去。”后来他又监督我两回，虽没明说，但我明白了画好山水不容易，不可迷失方向，便又成天漫山跑去画画。

可我仍心存疑惑：我到底能画出人物像吗？我得试一回呀！

双溪老街有家叫二姐食堂的小饭馆，老板娘是一位二十八岁的女子，她天生右腿有缺陷，比左腿短近二十厘米，她的父亲也是天生残疾。她嫁给本镇一个极平常的种菜男人，养育两个孩子，生活无着。但她不想过穷日子，而且敢想敢干，租了间残次的小店铺，拿自家炒菜用的锅炒丈夫种的魔芋起家，到了我去那儿的时候，她又租下了隔壁的大店面及后堂，请了四个跑堂的小工。她炒的家常菜非常地道可口。想到我那残疾的父亲，我不由得对这位二妹生敬。我一边吃二妹炒的酸菜魔芋，一边回味年少时家里做的魔芋。初来双溪时，我常在二妹的店里花十元钱买一大盘魔芋炒肉丝，她免费打一大碗米饭让我拿回住处，分成两顿够吃一天。她深知生活不易，这样的人哪怕在穷山沟里也能聚四方财。

于是，夜里我在住处关上门来，花两天为她画了幅画像。画完面部后，我为求完美，又把明星穿的时装画她身上，还给她画了个好看的手提包，小腿以下省去不画，这也是因为版面不够。经这么一处理，只剩那张脸是她的，气质也不像了。我趁去她家吃饭时将画送给她，二妹非常高兴，把画挂在饭店的显眼处。没过几天，很多人来看那幅画，称赞画出了她内在的美。有人要买它，二妹舍不

得，便将画拿回家里，连我也再没见着。

我画出了人物像，心里颇为满足，便听林老师的，以后没再画过。

5
石板官道

夏初，各地的人如流水般来到小镇，镇子也开始发生变化。开春时，画楼北角建起一座菜市场，一千多平方米大。一直以来，这里的人们早晨七八点起床，挑豆腐、肉等沿巷叫卖，或者慢吞吞地吃完早饭再将合作社卖剩的菜提到十字路口中央胡乱摆放，爱买不买。以前田边隔三岔五就倒着一堆卖剩的菜，现在有不少学画的人来买，交给房东烹制。于是，双溪人开始早起，肉摊也摆到了崭新的三轮篷车上，好几家为游客新开的早餐店生意红火。

虽然双溪的街上早晨绝少有车往来，但生意人如此挤成一团，实在不像样。镇上派出所那两位清闲的年轻民警被赋予新使命，每天早起劝每位卖菜人去新建成的市场做生意，一个一个地劝，刚把这个拉去，那个又从另一条街回到了十字路口。遇上不情愿的，民警只得耐心至极地

肩挑手提，一路劝到市场里去。如此坚持了近两个月，村民们接受事实，主动去市场摆摊。那两位民警及调来支援的一位女警都变得黝黑、苗条不少。

从春天到夏天的三个多月，我除了采风，就是痛苦且艰难地画画。面对一大片山林，这里那里都画得不像那么一回事，却无能为力，能不难受吗？

可我经历了太多痛苦和挫败，多到习以为常，好像活着就是为了失败，所以早已不放在心上，枕着痛苦抱着失败睡一觉，像男人睡了烟花婊子似的，接着另辟道路或从头再来。在此过程中，痛苦被批量灭掉，失败自己倒下，我踏着它们蹚过一条又一条河流。

因此，画不出来也要画。我又去野外，观察耀眼的阳光下明处和暗处的对比；观察早晚光线下颜色变化的过程；观察树干在雨天、晴天质感的不同；观察土地、石头和水流。

我看见短尾的鱼公鸟为了等一条小鱼，在浅水畔纹丝不动地站了很久，然后只用十分之一秒就叼住游鱼。为此，它的尾巴退化得只剩秃毛了。我向鸟学习，盯着看，看完回去便画，记住多少就画出多少，起初画的就是这浅水中的石头和水草。

我画不出远山，仔细观察后又去参考名家的画，才发现那本就不需要细画，细画就错了，应用缥缈的颜色概括。画稍近的山林，则只要选几棵树、几块石具体画出，虽然画得仍不逼真，但有些像回事了。

尽管进步缓慢，但每一寸进步都会杀死几寸痛苦，并带来几分自信，这就是熟能生巧。有时，用错的颜色也会呈现出意外的奇妙效果，这种欣喜是老天给勤奋者的奖励。

由北岩寺向北，石板大路延伸到陆头岩村。那是一座有百十来人口的小村，村民全姓陆。村前有一长溜漫水良田，村中间的这段路被修成了水泥宽路。在村的最北侧有一座巨大的瀑布，从高约一百米处悬垂飞下，如虹贯日，瀑底的深潭里堆积着奇石，不知当年李白若来到这里，会如何写。秋后雨季结束，瀑布又悬如细链，时隐时现。为了画这景，我去了七八趟，幸好我已老了，如果时光倒回十年前，我容颜犹在，保准那村里的男人们误会我喜欢上了谁呢！

出村后，石板路继续向北。这是条古官道，从前骑马的、乘轿的都从这儿走。本地人告诉我，沿路翻越一座高岭，再走过一道深谷即达周宁，从那儿可以到达浙江。

我明白啊，古人的智慧超乎想象，县境之间遥远的险途，他们走直径速速穿过。我于是当即沿路快走到山谷尽头，一对种菜的夫妻叫我回头，别再走了，前方无人，危险。我抬头见两山夹耸，路径早已淹没于草丛杂木中，便不敢前行，沿原路返回。

第二天，我又去问明路途，村民告诉我，昨天的那条古路通往游岭顶村，在游岭顶村可与山那边的周宁县对望。于是，我骑着女儿寄来的小自行车绕过双溪西面的大路，边走边问，时而沿着四十五度角的长坡推车爬行几里，时而抓紧手刹提车疾走下坡，几度柳暗花明，花了六个小时，中午十二点才到达游岭顶村。那里全村姓游，风雨廊桥大概是这片土地上的标志性神物。山顶没水，他们便在村子入口处修一座近百米长的旱廊桥，以供节日时赏灯、谈笑、嬉戏用。我细看廊柱下关于造桥的记载，居然写着“某年某月吉日，请浙江名匠某某人铸造”，真让人惊异连番——原来这里与浙江世代往来。

转望游岭顶村的对面，却是山奇陡险，有着几百米深的沟壑，一汪幽深的水库仿佛掉下谷底的一片天空。水库旁有桥通往对面的山，那里便属于周宁。遥望远山，山间建了宝塔与栈道，栈道外有护栏，隐约可见那里挂有写着

“欢迎来游……”的巨大横幅，日夜向游岭顶村招手炫耀。我走到村后的山里去看那条由双溪来的古官道，却看不见，因为险谷幽深，让我目眩。村民说那山谷下有片良田，仍有人耕种，那段路也仍完好。

这么说吧，游岭顶村犹如一个杵头的顶端，它四周的山壁有多险峭可想而知。但这里与屏南、周宁相接，是旧时的重要驿站，所以这座古村规模很大，宽阔的村街四通八达，几百年的夯土嵌木板屋被太阳晒到暗黑返白。家家户户种花，雕花的门院多保存完好，不见年轻人和小孩，只有一些中老年男女和眼含忧郁的温驯的狗生活在这里。我饿极了，闻见一户人家屋中飘出饭香，便进去讨了顿饭吃。主人是一名中年男子，从福州回来看望老母亲，母子俩对我很客气，我很惭愧走时没有留下什么给他母亲。

我沿村口的旱廊桥离开，见水库上方的那座山上全是板栗，便走去看看。时值初秋，熟板栗连壳带肉掉在地上，铺满厚厚一层。我比果子狸更高兴，随手捡了一两斤装进包里，下山时一路上连啃带嚼，补充体能。那野栗子多么甘甜啊！

回到双溪时天已黑透，我累得脸也没擦，倒头就睡。

从各地来的画友大多只在镇子周边走一走，然后对着手机自拍，便称见过人间仙境。他们见我去走远路、爬险山，连连惊叫道：“王姐你不早说，我一定去哇!”于是我邀他们一同去峭顶村，可过几天去叫人，却个个推说没空。

沿新菜市场的侧街走到尽头便是山腰的坡地，水泥马路从山腰盘旋修至山顶。上一回我骑自行车来回，发现相当于背负它徒步。时隔两个月再去，我空手走上山间的石路，发现比携自行车轻松自在。

爬到半山腰时回头，只见北岩寺远在山底，寺顶雕龙的琉璃球在天空下光芒闪耀，寺旁的石峰远远望去奇伟怪兀。山腰上又隐藏着一座寺院，它是在宋朝同时期由张氏族人修建的，规模比北岩寺更大。春天时我来到这里，立于山腰，以俯视的角度画出这片山景。由于寺院曾被烧毁，只留下一部分围墙和山门，我只仔细画出门和门外的石铺平台，在里边象征性地画了房子，并且不把它作为画的主体，而是以它为山林景色的陪衬，希望这般构图可以使人念起历史与远方。

第二次来时，一位河南的年轻画友与他收养的流浪狗住在这破寺里。

从山腰到峭顶村，还有同样远的路程。我只为去看初秋时峭顶村口旱地上那几棵巨大的古柳树如何了。它们那么远离水源，仍挺拔秀丽，存活了几百年啊！

因上次已去过一回，村口的男女一眼就认出我，纷纷笑着打招呼。狗狗们也认得我，散漫地跟随。这次我才看清，村的顶端还有一大片山林，地藏的水渗下来，几株巨柳的根深得滋润，所以华盖参天。这座村庄位于山顶的平川，如玉女深藏之华艳。在村的尽头，单季稻谷已熟成金黄。山泉水细细地从各处渗出地表，村庄尽头的山坡上种了一大片高山早季白菜。农民们各有客源，直接售往福州市区，城市里的人钟爱这里的有机菜。

下山时间还早，我走走停停，流连张望，俨然自视为风水大师似的，还在山间发现几处无人居住的高大屋院。看着那曾经辉煌的瓦顶、围墙、路迹，我感评嗟乎几回。

回头，见村里的狗儿们群集跟随而来，我把带来的缸饼都分撒给它们，它们仍依依地跟来，无比留恋地望着我。

哎哟，它们在林深处感到孤独吗？不行，它们一旦跟到镇上，就会成为别人的盘中肉，于是我捡了根长棍一再赶它们回去。

峭顶村全姓陆，村里罕见地还住着十来个壮年男女，以种高山蔬菜、经营桃李果园、养鸡养牛为业。但孩子们都被送出山外读书、工作，大多数人家在双溪镇买了宅基地建楼，这是他们主动向我介绍的，大家都有些认为做山里人没面子。

大多数村庄两头通路，可峭顶村的平川尽头树影茫茫不见路。我问村民，他们告诉我，那里很久很久以前有密径出山，通往前峭、后峭两村，那是张氏家族一千多年前的落根之地。想起北岩寺前那蚂蚁头大小的王院村的人也对我提过几回前峭村，我当即决定过两天便去那里。

我先问明了具体路线。当时走得迷糊，后来回味过来，原来我就是翻越了双溪西面的坡岭，再沿这山脉的另一侧北行。

那里虽然修通了崭新的水泥大路，但坡道非常陡险，放眼四方，风景犹如天境。我仍是提包袱似的多此一举地带着我的自行车，偶尔遇到二十度长坡，能骑行一小段，便对造山之神感激不尽啦！

走了两个多小时，在遥远的山谷西边可见平塘村的背面。前一阵子我去了那里，山稍矮，村子很大，村民全姓张。那里是一处巨大的山间凹地，呈大锅状。村中有一口

很大的蓄水塘，应该是古时修造，用来种莲、养鱼、浇灌田地。记得在那座村子的山顶有所弃用的小学，当时太阳很烈，我干渴不已，经小学走到背坡梯田，路边有一株野生西瓜结了两个瓜，我摘下大点儿的那个，管它熟没熟，囫囵啃着吃下。

而眼下，我走在距离它远如隔世的东面，望见它居然有点如见故乡的感觉。

路上不见人影，好不容易远远看到个人，还没来得及高兴，就惊吓不已——是中年流浪汉！这种让人头皮发麻的事已遇到好几次，在陡坡上跑不快，只好低头竭力全速错过！到了中午，我行至山顶，山高到顶端的树因缺水而难以存活，四周全是郁郁葱葱的灌木丛和草地，有一辆公路维护车停在那儿，我向几名修路工打听前峭，他们说正好还有一半距离。

老天！我走了六小时，才一半路！他们又问我打哪座城市来，我说我打老远的另一个农村来。他们打死也不相信，对我说："那你没看过山呵？那乡里奔这乡里。"他们不相信，认为我糊弄他们，于是没好气地不再理我。我自顾自地前行，幸好接下来一路都是可骑行的缓坡。我向种菜的山民问路，他们说："看，那里便是。"我一瞧，天青

色群山的尽头有半团亮色。嘿，已经不远啦！

我连骑带走，在下午两点半到达传说中的前峭村。

我来到村口，却压根没见着房屋，莫非走错路了？右前方陡成五十度角的山上遍布窄梯田，漫坡稻穗金黄，让我惊异得倒吸了一口气。曾经我在贵州的山里行走，那些矮小的山彼此相连，梯地也只有三十几度角，比这儿平坦多了。

转过一弯，原来村在山屏之后。

村头是一片不大的缓坡，房屋古旧而低矮，呈老式四合院状，有几处坍塌后只剩地基与残石，上面爬着瓜蔓。离这里不远的一片空地上立着张疆的石砌大墓，他是南宋谏臣，从这深山老林走上仕途，确实非凡。因为张疆功成名就，一部分族人才得以从这里迁到双溪宝地。

这座村庄呈倒写的“个”字形，地形实在逼仄。遥想千百年前，为在朝廷的追杀之下逃出生天，张氏一族万般无奈，只有一再走向偏远荒凉之地。以我这个后来人的眼光来看，人们在这样一片荒凉地齐心协力，全力以赴，共同建房屋、修路、造梯田，共同抵抗疾病和死亡，真可谓一种古来的家族式共产主义。

从村口向下进入村庄，有一条倚山铺设的宽近三米的

石板阶梯。村民们在石山边凿槽引泉水，在石壁上凿洞，打了竹榫用来种瓜缠藤，又在不远处开凿了水井。石路外侧，为梯斜式的村屋，地势无依处便建吊脚楼。在遥远的当年，物资极度匮乏，房屋全凭举族之力建成，人人有住，田粮共享，才得以繁衍千年。

仅仅是那一条引水用的石槽，也每隔一段便凿池养金红鲤鱼。鲤鱼吃掉水中的一切杂秽之物，使水常换常新，村民免受疟疾。古人的智慧非凡了得。我走到石槽的末端，那里地势倾斜，水打那儿又汇入山涧。前峭村的土地庙就建在那个豁口。由于路径曲折，高山挡住了大片阳光，我没有去，回头沿山谷另一侧的村路走上来。

快到村口时，我见一对中年夫妻在吃刚出锅的玉米，老远就闻到香味，便请她卖两个给我填肚子。她满是诚意地给我两个大的，说："吃吧，不提钱。"我无比感谢。这些遗世独立的遥远村庄里没有商店，所以我只能讨饭，而且很容易讨。

天色不早，我匆匆逛了一圈，赶紧往回走。回到下午有人种菜的地方，我问一位乡民："既然有前峭村，那么有后峭村吗？"对方回答"当然有"，并替我指了方向，弄得我心痒痒。

有很多契机都令我反思自己：活在最底层，总被人嗤笑，可我老是天马行空，又常矛盾地怪自己凡事都要去追索，不自量力且固执地求完美。这不，那人手一指，我回双溪画了两天画当作休息，便又迫不及待地出发去寻找后峭村。后来我才知道，我前些天见到的张疆墓便属于后峭村地界。

后峭村在鸳鸯溪方向，可沿马路前往，路稍平且更近一些。因鸳鸯溪是景区，路上每走一小时就能见到一两个人，但也是乡民，他们拿麻袋去树林里采摘野生藤梨，即猕猴桃，还有野柿子、野山茶籽等。

我向他们打听后峭村，一名中年人抬手一指："喏，那座矮山上。"我一看，孤零零的两三厝老夯土屋在山崖上冒尖，一条崭新的水泥路如白练盘旋而上。

"你最好别去，"中年男人好心地劝我，又解释说，"俗话说，'宁为鸡头，不做凤尾'。有了前峭村，后峭村住的是张氏落单的弱势旁族。他们在这地方繁衍不盛，到近代，能跑的全迁离了。那上头只剩几个老头养几十只山羊，没看头，怕你去那不安全。"

我听从他的话，决定不去了。男子告诉我，他家在界底村，那座村子低于海平面一千多米，就在前面不远处。

听说近处有座低于海平面那么多的村庄，我立马燃起了好奇心，遂前往。那男子说不远，可我连走带骑一路下坡，再下，又下，绕过无尽的弯，走了两个多小时，才到达邻近的一座比王院村更小的村，只有三座房屋，外加半山腰的两座旧棚。在这么偏僻的地方，居然还有一对年轻夫妻、几名半老男女，还有个十来岁的孩子。我向他们打听界底村，他们关切地问我："你是外乡人吗？是来这边打工的吗？我们这里可好哦！"我哭笑不得，但还是一再点头道："对啊对啊，是来打工的，去界底村那边。"

"不远了，转过山坳再下长坡。"他们为我指路。

到达那里，一条深谷溪流伴着村庄，平地不多，两面夹山。抬眼看村前的山，那石崖直逼七十度角，仿佛高到天外去，让我目眩，每座山顶呈遥不可测的黛雾色。阳光昏沉而曚昽，似乎换了另一个太阳在照耀。

我怎么也想象不出，在遥远的过去，人们是如何找到这般偏远的秘境栖身的。而今天，政府给每座卵石大小的村都修通了大路，那砸的钱哪——一条路的成本可抵多少座小村呀！

无论时光如何流逝，古往今来的华夏式共产主义依然与我如约重逢。

6
亭台楼阁富豪地

很多人从各地来到双溪，见到这些与世隔绝的自然山水，打算在这里过长久的慢生活。

西陂那角为陆姓居住地，陆氏先祖高高的石墓立在田边的水泥路旁，以此为界往东北的地属于张氏家族，这应该是在遥远的当年两姓约定好的。陆氏古村依西山脚处有一棵一千两百年树龄的巨大柳杉与一棵同龄针叶松并排而生，枝叶参天，以铁网保护。在离巨树不远的泥土路边，有一座两层楼的夯土老厝。画友邱桂芸告诉我，这里的主人外出经商，一对外来的年轻小夫妻画友以五千元每年的价格租下，然后一同在全国各地穷游，做公益，做手艺，也画画谋生。此后不久，我夜里散步走到这里，遇见那对小夫妻甜蜜地牵着手从那屋子往街上去，因互不认识便没招呼，但他们看上去很是惬意。

我来到双溪时，当地大多有历史价值的古厝已在翻修当中，林正碌老师雄心勃勃地想一一修复屏南的更多古村。那时，他已在三十几千米外的漈下村修了两年多，很多画友去那里的空屋租住，租金特别便宜，一栋宅基面积两百多平方米的三层石基木结构青瓦大厝，一年只收五千元租金。游客们租大巴去那里吃住玩，去过那儿的画友说那里很值得画，叫我一定去，我便在盛夏的某个清晨骑自行车从双溪出发去那里。

屏南各处的地貌都差不多，一路上尽是长长的陡坡，推车行走的路程远多于骑行的，而我也执迷不悟多于清醒。高速公路和高铁已修建至人烟稀少的山间，修好的桥墩仿佛高至天外，建筑工地如挂在云端，反让我心生孤独。

好不容易从高岗上看到了小洋村，路人说已离漈下不远。我一看，岔路口的左边立一古色古香的村牌坊，上书“欢迎来到小梨洋村”。我有点犯迷糊：这小洋村和小梨洋村是一码事还是两码事？于是又问路边闲坐的村民，村民答道：“不是哦！他们小洋村丁点大，我们小梨洋村是清朝大名鼎鼎的甘国宝将军的出生地。”原来是出过大人物。我饶有兴致地携车左拐，明明从山顶已能看见那村

庄，可一路曲折下行，花了四十多分钟才到达。

沿溪是一条长长的村街，一溜高高的木榫卯屋厝，全是以新材做旧式修葺的。走到村尽头再向后，也是一溜村厝。尽头溪岸的一角坐落着甘氏祠堂，屋宇低矮，墙上嵌的石板上刻着甘国宝将军寒微的出身与卓著的功绩。很多时候确实是“走过路过，不要错过”，我顺道多花几小时游览了一位旧时英雄的故居，这种机会可遇不可求。

出村回到大路，经过小洋村，那里的后山保留着一大片原始森林，全是有着七八百圈年轮的巨大柳杉，仿佛挡住了阳光的路。天色不早，我匆匆赶往漈下，到达时太阳已近西岗。

漈下村沿溪两岸而建，规模很大，繁盛时人口或达两千。水从北向南平缓地流，水中肥美的锦鲤成群结队地游来游去。村口的那座风雨木廊桥平平无奇，而村中段繁华闹市中的这座木廊桥长约六十米，在两岸的石桥墩处各铺设曲折的石阶，连入两边人家的屋檐下。两岸的村街隔水相望，街边屋瓦相连，门前的檐廊连成公共木径，约有四米宽，临水的护栏长椅贯穿连通。

我于黄昏观赏木廊道，见林正碌老师打桥头过，惊喜地叫他，可他只看我一眼，没吱声，拉着脸扭头离去。这

太伤我的心，是因为我穷而看不起我吗？很多人这么待我，我不在乎，可这会儿在这偏僻的陌生地，我难受得痛哭流涕，反正没人认识我，尽管让眼泪飞淌。可很快，两名年轻人来问我怎么了，我不好说实话，便说我不知道这里傍晚没有回县城的公交车，没带吃饭钱便急哭了。那女孩约二十四岁，告诉我她叫瓶子，是四川人，大学毕业后从网上找到这里来学画，在这儿租了一栋楼开民宿，她妈妈也过来了。男的则是林老师的助理包玉函，做自媒体，从北京搬到双溪住。嘿，幸好我没讲真话。两人拉我去瓶子的民宿住宿，还请我吃了一顿饭，坚决不收我的钱。

瓶子用来开民宿的老厝建在山脚，已有三百年历史。二楼的楼梯以一处凸岩为基，直接拐向三楼，三楼有片露台，从那儿能看见院子里的青果。先前腐朽的木板、木梁全换了新的，房间也依地形而设计，屋子里有好些拐角，这都是古人的巧思。瓶子的妈妈不到五十岁，画到一半的画留在画架上，一边忙着干家务活，一边和我说话。

三楼小厅堂的正中央摆着一幅长八十厘米、宽六十厘米的写实油画，画的是溪对岸的人家至山顶一带，但有所取舍，画面比实景更唯美。我惊羡久观，不愿眨眼。在双溪的大展厅里，没有一幅画比得过这幅。瓶子的妈妈告诉

我，这是玉树男孩木卓的画，他只用三天时间完成，已有人出三千元买下。我心想，画到这水平，画价便高了。旁边还有一幅画柴油机的半拉子画，据说也是订制的，但木卓这阵子不知是去厦门还是去福州疯玩了。

几个月后，时近冬天，包玉函向我介绍他身边一位清瘦、不高的秀气男孩，说他就是木卓，约二十四岁。我非常景仰地称他为老师，可他的脸上挂满忧伤。也是在那时，我听说了漈下村的事。林正碌来修复这些古村，可是政府给的钱只是杯水车薪，林老师用他向各方人士“化缘”得来的钱开展修复工作，并吸引人流，招各村外出的中年人回来开小客栈、小酒馆、饭店。然而，个别村干部只管伸手向他索取钱财，却不作为。那天傍晚我偶遇林老师时，他正为此事愤懑不已，懒得理我，才造成了我的误会。很快，林正碌作出决定，要不计一切付出，全盘放弃漈下村。他一走，瓶子的民宿便没理由开下去，木卓及其余一些外来的租户为免受勒索，也都悄然走掉。这是后话，我有幸去得逢时。

第二天，我早早起来在村里转悠。山太高，太阳迟迟未出现。昨夜的一场暴雨使溪水高涨而浑浊。两山夹水，沿岸村第厝厝都堪称旧时豪宅，门楣雕花，青砖、厚梁、

青瓦相映衬，室内的老家具闪着紫色幽光，院落深深，村民悠游闲适。房屋从溪岸沿山坡密集地延伸至高岗之上。我逐一观赏了两岸和山巅的村舍，然后在山腰车站旁的一家饭馆吃了顿便饭，点了一杯老板娘自制的糯米陈酿。他们自称去年从海南岛回来，在那里经营果园多年也没赚到钱，林老师来开发旧村，他们才回来开店。

饭后，我下山走到村街北端，那里有一所不大的村小学正在上课。学校后有座村庙，里面供奉着齐天大圣孙悟空的雕像，三根金箍棒高高地竖在殿外，上面贴了些求财求子的红纸。后来我去印山南部的二能村，那里的山脚下有座原样保存了几百年的六角飞檐古庙，不大，里面也供奉孙悟空，木雕像与世间凡俗人像等高，颜色黑亮，目光如电。这两座雕像的雕工神似。福建群山险恶，所以人们相信孙悟空真实存在，而且就是从他们的石山里蹦出来的，他们由景仰石猴之神转为追随孙大圣——这只是我的猜想。

天色阴沉但时间似乎还早，沿着西岸的曲折廊桥南移约一百步，有一座奇特的古建筑，紧贴在河岸沉稳的大石基座上，八角的青砖围墙里露出八角翘檐瓦顶，四周不见石刻文字，木门紧锁，亭顶下隐约可见巨大的顶梁柱。有

三棵古树，分别为丁香、银杏、巨柏，华冠伸向天空。我立于溪东廊街，在白纸上将这景速写下来，以便回去整理成画。走近后，我终于在外墙上看到一块文物保护牌，上书“八荒台，张氏祖某人建于宋代约某年月”。

我向田间的村民打听从这里翻过山去是何处，那人指着远处的山尖告诉我，那里是古峰镇，通公路前人们走的就是这条捷径，两小时即可到达，而现在沿公路开车也要绕一个多小时才能到，与他们同祖的旁族便生活在那里的漈头村。

漈头、漈下两村皆为张姓，与双溪张姓来自不同宗族，迁来此地的时间也晚了两三百年。因为不用躲避追杀，所以他们得以在更丰美的水土边繁衍生息。

不久后，我去了位于山间平地的漈头村。在双溪作为县治所在地的几百年历史中，漈头村当属一个繁华的所在，村中有商贾巨族、书香门第，官邸民居保存完好。之前我去杭州观览胡雪岩堂，相比之下实在逊色于这些深山中的富人豪宅。毕竟山高皇帝远，在此地他们可以自由任性。村溪平缓而蜿蜒，水中锦鲤肥胖如小猪，成群逐流嬉戏。而村外高山掩映，使陌生人难以寻到这一方意外的宝地。

几年后，我在《尚书》中读到地有八荒，有些懂了千

年前张氏先祖在此地建八荒台是为激励族人开拓进取，他们做到了，却离故土更远了。

近中午，我才谢过瓶子，离开漈下村回双溪。我仍骑着车，这辆区区两百元的可折叠小自行车坚强如钢，驮我走了那么多路，从没有漏气撂挑子，只是到了年底，它老得只能慢行，不太愿动弹了。回去的路上，我又去小洋村细走了一遍，寥寥几座房屋在陡崖下一字排开，村前有茂密的竹林遮挡。进去一看，嘿，溪水边的一方良田足够养活这里的人们。所谓“深林人不知”，便是这境。

7
老树叶

在双溪过了三个月，身上的钱已用完，我便收拾行囊准备回家继续打工。

两个月前，我丈夫听闻村里有流言蜚语，说我跑掉不回家了。亏他们想得出，我五十出头的岁数，家里房子车子俱在，徒步跑哪去呢？我家那位却信以为真，慌慌张张地来双溪找我回去。而我出门时在银行借了五千元来学习，时候到了自会回去。见他糊涂透顶，我大为光火地剋了他一顿。他灰头土脸地走了，临走时还哭出眼泪。

现在我想回去了，走前先把几十幅画寄回家，自行车锁在租房的院子里，去宁德坐高铁回去，我到家时画还没到。在家还没坐稳，我便匆匆去县城各处找做衣服或洗菜刷碗的活干。

可没过几天，林正碌老师打发包玉函开车追到我家。

林老师以前从没有追劝那些离开的人回双溪，却认为我这片老树叶能画成画。遇见林老师，是我三生有幸。

包玉函生于一九七九年，时年三十八岁，中等个头，椭圆脸，性格温和。他是湖北黄冈人，父母有先天性残疾，家贫，而他在那样的条件下考上了北京的传媒大学，并和大学同学结婚，这时女儿已十二岁。但他辞职开始做自媒体后，厌倦了家庭，来到双溪独居，养一条棕色卷毛狗，为林老师当助理，打理网络平台。

包玉函把我的画装车带回去，推荐给网友，卖掉了很多。我才走几天，又回到双溪。那时，林老师正和屏南政府合作修复龙潭古村。这回，政府委派福建省勘测设计院的一位官员来配合林老师，一同去那座古村扶贫开发。此人名叫吴明峰，三十八岁，毕业于复旦大学，是福州人。他很有能力，先去那儿把全村人的心理疏通明白，再让工匠和当地的村民们合力修缮旧村。林老师自始至终得到龙潭人的合力支持，吴明峰功不可没。

龙潭村姓陈，近代人才辈出，相继扶携父老乡亲走出去，偌大的明珠般的古村几乎已经空置。林老师去那里开发，一些爱幽静且钱包宽裕的画友跟着搬到那里住，双溪的这几栋大楼便空出了十来间画室。包玉函悄悄叫我请林

老师给我安排了一间独立大画室。这间房面积约四十平方米，有浴室，楼上还有大卧室，一位搬走了的画友赠我一张大床。于是我搬离旅馆的租房，住进了这间临街且近溪岸的大屋子。

包玉函人好又心软，他有一头鬈发，我两次问他是烫的还是自来卷，他没在意我的有心之问。可这头鬈发下是一股骨子里的惰性，他不愿为人付出太多，也不愿对家庭负责。他在双溪为很多人做采访、拍摄、写文章，被不少年轻女子追捧。夏末秋初，他为我卖出了很多幅画，竟让一些人误以为追上他便是捧到一只饭碗。有个来学画的女孩二十六岁，生得娇小迷人，以向包玉函学习摄影为由和他同住，两人情意缠绵，再也分不开。

很快，有传言说包玉函要回北京离婚，我劝他两次，跟他说妻子是家的根本，亏妻便绝空财库……其实我想说的是“看你的头发就知你吃老婆的饭”，没说出口。他拐弯抹角地暗示我：“王姐，你的财路还握在我手里呢。”

我便不再劝。他急匆匆地离完婚，女孩等他回来等得欲火快要烧穿。短暂的分离恍若隔世，两人终于在人前牵手走到一起。包玉函说他不再结婚也不再生孩子，女孩一一答应。

自此，像断了水流一般，他再也没能卖出一幅画。不久，包玉函和他的情人退掉在双溪租的房子，搬去龙潭。我劝包玉函趁年轻外出工作，他自然是不会听我的。

8 秋水离离

双溪东面有一片南北走向的山脉，太阳总是迟迟地从它的后脊升起。山脚隐藏着很多幽静的山涧，各有细水流淌，乡民们将涧边每处旮旯都开垦成菜地，天然石坡被踩磨得幽亮迷眼。

油画楼南边的马路直接与双溪的东溪相吻，沿溪北上走到小盆地的尽头，有一座近五十米长、四米宽的风雨木廊桥。桥两边都有倚栏长凳，南面正中间的神龛上供赵公元帅的神像。过溪，绵延的山坡上仍是菜地，乡民们极其细致地耕种了脚手可及之处的每一寸土地。举目山野，花果华林与菜地天然合一。

一条古老的石板路从廊桥蜿蜒铺上山腰。这座山叫印山。爬上山腰，石路转弯南下，与一座荒芜的古凉亭一同没入草丛。这是一条古官道，因为过去双溪是县治所在

地，各乡镇的物产都人扛马驮地聚往双溪。但新中国成立后，在五十年代初，中心迁往古峰镇，沿河修起了大路，这条旧官道便渐渐被弃用，降级成了村野山路。

印山腰间，峰回路转，又有一大片背风缓坡，泉水终年积存。坡上的竹林悬挂着各式破洋铁桶、穿底瓷盆、破铁锅、易拉罐，只为在秋冬季节吓唬来掘吃竹笋的野猪。风一起，绳上飘荡的各种物什互相碰撞，咚咚锵锵，怕是野猪非但不惧，反而以为开锣唱戏，前来观看哪！

有一名清瘦的七十岁老头独自住在山腰上的小土屋里。他是镇上一户张姓人家的亲戚。战乱时期，他母亲逃上印山，于破庙中生下他，而他那未曾谋面的爹在外去世，不久后母亲离世，他竟然无亲无故地在山野中独自长大，老去。我见到他时，他收养了几条从山外来的流浪狗，活得非常快乐。

那时，我们十几个画友由他带着爬上印山顶。道路崎岖险峻，他一路上教我们认识各种稀有的植物，了解它们的药用价值，我当即想起李时珍的《本草纲目》。很久以前，我在书店里翻阅《本草纲目》，大为惊异，李时珍竟能把每种草之间的细微差别画得那么清楚，多么伟大！而此时，面对老人眉飞色舞的讲解，我对着那草心想，我也

能踏踏实实地画出几株来了。

快到山顶，只见一块巨大的龟背形岩石，极细的水流沿石面四溢浸流而下，石隙中长出奇异的小花小草和绿苔，美轮美奂。山顶上，抗战时期乃至更早的年代留下的几方炮台淹没于树丛、杂草间，仍能看到用作掩体的平台和破败的小屋。原来这里曾经是战场。

旁边有一座残破的老庙，可以看出老人多年来维护的痕迹。二十世纪四十年代，有一群人在这里避难，他就是在这儿出生的，并一辈子也没有离开这座山林。如今他老得走不动了，便下去住到了半山腰。

这么高的山，我们只爬了一次，但山脚却可以每天早晨走一回。此前在家里因劳累和忧郁而积下的病，实打实地是在印山这座“氧吧”里靠呼吸吐纳痊愈的。

后来，那老人搬到了二能村的一间空屋去住。当时，我和一群画友站在印山腰上，老人指着山谷尽头的村庄说，很久以前石板官道便打那儿拐往山另一侧的双溪。这阵子，这个双溪的遗腹子不被承认为双溪人，而因双溪与二能同享一道山谷，他被划入二能，政府给了他一点钱，让他去那里养老。二能村住着由双溪迁去的一部分陆姓人家，村里便让他去，但不准他带这么多狗。于是，我领养

了一条棕色小狗，画友陈星光领养了一条灰麻子大狗，老人自己带走一条三条腿的老公狗。那狗在山里流浪时被野猪夹子夹断了一只前爪，老人路过便救它回来，自此相依为命。

也是因为现在有了这间独立画室，我才方便养狗。此前，那老人曾让我养一只，白天养在画室外面，晚上带去旅馆。但我那时租住的旅馆属于基督教堂，管理教堂的男人坚持不允许在旅馆养狗，无奈之下我只好送它回印山。小狗悲伤哭泣，不肯去，那天大雨滂沱，我抱它上山，几天后它又下来找我。这回，我一搬进画室便把这小狗接来养。

但这小狗的厄运远没有结束。

早在二〇一六年冬天，这条小棕狗被一位画友捡回去养了一阵子。小狗生病将死，被扔在路边，老人捡回山上养大，又送到我这儿养到冬天。包玉函回湖北时，把自己的狗寄养在东北辫子姐的画室，辫子姐渴望包玉函帮她卖画，所以对他的狗百般宠爱。现在我和她成了邻居，我的小棕狗和包玉函的狗也走到了一起，常去菜地或收割后的干稻茬田里交配，初冬生下一窝小狗，五只小狗在两个月后托人送出。

入冬后，我再也没卖出画，便准备离开双溪去打工，因此需给这条棕狗新找一户养主。想来想去，我决定找聋哑男孩龙小松。

龙小松是福建漳州人，他父亲是高中物理老师，母亲是某单位工会的小干部。龙十九岁，来这里画画已有两年，非常聪明，虽先天聋哑，但戴上听力矫正器便能与人正常交流，而且喜欢交朋友，只是别人不视他为健全人。我带小狗去找他，他非常喜欢，却不敢抚摸。我教他亲近小狗，他开心不已，过了几天我便让他试养。龙一高兴就把小狗的照片发给了家人，没过三天，龙的母亲火急火燎地赶到，一进儿子的画室，就抄起一根长棍狠命地抽打小棕狗，狗子吓得声声哀号，却不忍放弃这个养主，畏缩着不肯逃走。我恰巧路过，一脚跨进去抱它出来。龙的母亲叉腰立在门口破口大骂："我儿子连自己都养不起，还骗他养狗！"她咋咋呼呼地说遍一条街，又在那儿守了近二十天，就为阻止儿子养一条狗。这个女人白日里都梦想着儿子画画功成名就，却连爱一条狗的权利都不肯给他。

后来，我把狗托付给了一位南京来的画友。

9
溪那边的葡萄院

日子就这样有些枯燥地一天天过去。我门前不到五十米便是东溪边的小踏坝。每天清早，雾露离离，女人们在岸边的石头上洗衣、洗菜。岸那边有座空幽的葡萄院，那里住着一对男女，女人和我做了朋友，邀我去喝茶。

那是盛夏一个炎热的午后。小溪口有条短瀑，它的顶端筑有碇步桥，就是一只一只隔开排在水中的小方石墩，人打墩上过，水从空隙间流下石坎，我觉得稀罕极了，本地人都习以为常。葡萄院是一栋长条形的简易两层楼，棚架上葡萄枝繁荫浓，挂满红的、紫的、白的果串。不知是谁开了民宿，交由旁边的一户村民代管。

我过去叫了几声，这位画友从二楼下到院子里。她比我大几岁，但保养得稍显富态，看上去只有四十七八。

她的微信名叫麦谷，是浙江人，大学毕业后分配到四

川成都工作至病退。四十八九岁时，她查出癌症，逼丈夫离婚以免拖累他，让他另找女人成家。离完婚，等待死亡来临的过程中，她想了却去西藏的愿望，可独自一人去不了，便请了两位年轻的男护工。她一路疼痛、伤感、悲泣，跌跌撞撞、连滚带爬地游历了西藏的好多地方，肿瘤于何时消失了也没留意。当她在一年后回到四川时，前夫真的已拥着新妇过日子。她这才意识到没了落脚之地，便回到浙江老家，在兄弟的资助下买了房子，自此反倒彻底自由了。当时一路陪伴她的男护工之一，不知出于何种情怀，日夜跟随她，再也没离开。他叫小杰，是个清秀、偏瘦的湖北人，三十五岁，小麦谷二十岁。他在照顾麦谷之前已成家，有两个孩子。

我坐下来，小杰端来绿茶，还没往杯盏里倒，麦谷在背后扯他的衣摆，于是小杰放下茶壶坐到她身旁，麦谷伸手在桌面下紧攥他的手。能看出她非常爱恋小杰，离不开他，生怕他被人粘去。我便借故不喝她的茶，聊了一会儿就告辞了。

麦谷和小杰这么老少一对在画场里出入，大家各种看法、说法、问法都有。小杰每天在画室里画一幅抽象画，像鱼，像水，像砖头。可他半小时也静不下心，口口声声

“麦谷这个”“麦谷那个”。麦谷偶尔来看小杰画画，十有十次地夸他：“哦！画得真好，我要收藏。”然后两人开始甜蜜互动，又牵手去买菜逛街。

小杰这样一天一幅挂满画室，使我们的画没地方挂。待他们离开，我便取他一幅来，刷一层底色灭掉，再画上另外的内容挂上。日子一长，小杰发觉他的画不够数，怀疑被人偷了。麦谷便说：“这么好的画，早该画一幅带一幅回葡萄院去。这不，人家拿去卖钱啦！”小杰说，那样让别人白赚钱，他不画了。我心想：你浪费画板画了个啥呢？你瞎涂的那些东西全在我的画底之下哕！

打葡萄院出来，天很热，那个代管院子的人家中倒是欢声笑语，我走进他家。这人姓陆，近五十岁，脸长下巴短，脸皮蔫巴少肉，满眼写着“要钱要钱”。他成天在画场入口处呆坐着，见到体面的人便约去他家住宿，看见没油水的人便眼睛瞟视天上。

他有过三次婚姻，第一任妻子是双溪人，勤俭持家，却常挨他拳打脚踢，生了两个孩子后离婚走了。第二次，他去福州打工，骗了个女人回来，可是没想到这位女子练过拳击却深藏不露，到家后又生了一个孩子，才发现这男人好逸恶劳，于是三天两头地暴揍他。他曾为此离家出

走，可很快被老婆找回，逼他掏钱才肯离婚。男人东求西借，凑出三万元给对方，二妻这下也走人。接着，他又去外市装成大老板，骗回个姑娘，还以要继承财产为由，哄她登记结婚，女孩知道真相后懊悔到痛哭，立马与他离了婚。就这样，他一晃混到了五十岁，有三个孩子却仍打光棍。

我走进去，这是一溜裸砖平房，外墙粗粝，内墙刷了白灰，除开厨房兼餐厅，有一间卧室，他的老母亲、他本人及放学回家的三个孩子，全挤在里边两张凌乱的床上。另外还有两个大房间，各铺两张床，用来给画友住宿，每人每月一千两百元，包每日两顿热饭。种菜、做饭全由他七十多岁的母亲操持，平日里她下地回来后还要去街上卖菜。

我应另一位画友之邀去了他家。下午两点多，一女三男四个画友，他的两个大孩子外出上学，七八岁的老三放假在家，共七个人同吃一锅饭，桌上摆着一荤两素一咸菜蛋汤。见到我，姓陆的脸一黑，不看我，低头露个尖脑门，生怕我白吃他的饭。画友中的一位据说是诗人，三十七八岁，背朝我坐在那潜心吃饭。我对职业诗人不感兴趣，也没和他说一句话。

除去一位从杭州请假前来短暂体验的年轻画友，还有一对母子，这位母亲与我是短暂的朋友。她叫肖姗丽，来自安徽，六十二岁仍生得俏丽而贵气，因为超凡的美，被人追捧、呵护一生。她以前是医生，丈夫是高中校长，后来，家里开了一片小矿场，她也算是在钱堆里滚了几十年，但近年来矿源衰竭，家境又开始走向平凡。当年肖姗丽夫妻是双职工且结婚晚，只得一独子。这儿子被她呵护成宝，能说会道却懒于动手，留美归来仍是烂泥扶不上墙的模样。他如今三十出头，有个有能力的妻子，那女子忍气多年，终于提出离婚，不要他家在上海的房产，只求孩子的抚养权。肖姗丽明眼看得清，既舍不得孙子，又知好儿媳难得，便装聋作哑，带着一把年纪的儿子到双溪来躲上一年半载。

肖姗丽平日在画板上画一些太阳、月亮、小松树，总是高兴地拿去请林正碌老师点评。可母子俩在双溪住了没一个月，她那九十岁的母亲在家中哭着要找小姗丽。

“我的小姗丽儿，妈快活不成了。”老母亲在视频电话里泣不成声。她只好携儿子坐高铁回去，走时一再要我等她，说她很快会再来。我想，她回家照顾母亲到一百岁，还来做什么。

果然她再也没来。可笑的是，临走时，她那个活宝儿子交代我：“王姐，若我妈没来，要不你先和那位诗人过着，诗人感情细腻。”姗丽说他没大没小，抽他嘴巴子。

10
辣酸菜炒魔芋

冬天来了。

山上秃了不少，但仍是层层叠叠的绿色与花青色。天气不太冷，但也少雨干燥，很多认识的画友都回去了，可我仍留在这里。偶尔有福建本省的画友前来，我们便相约去山上漫步，这时候的山路好走多了。

农民也没闲着，开始冬种，并去外地推销散养的鸡鸭。宁德市和福安市近海的渔民们开车来各山村售卖鱼干，这里的山民们又开车去外地售卖干菌菇、干木耳……生意人的喇叭声时时响透山谷。

我跑到高高的锥栗林里，在落叶中翻拣栗子，拿回来敲开，没几颗好的，大多被松鼠、黄鼬、果子狸翻吃过了，只留下空壳。后来，我甚至非常后悔捡了那点山货。捡它们干什么呢？小动物们靠着这点碎粮度过漫长的

冬季，我却只想到自己，每发现个空壳，还要怨它们吃掉了——愚蠢又自私！

腊月的一天，画室前走过一大帮孩子。又来人了？我怀着疑惑，去二楼的公共画室查看。果然，在一间大画室里，一群年龄不一的男孩女孩人手一块画板正在画画，一位他们老师模样的人也在画。我上前和他们攀谈。老师叫伍振华，他们在广东游学时，见到一幅广告，上面说“人人都是艺术家”，用的是王柳云的特写照片，便决定来这里学习，没想到这么快就见到了王姐本人，尽管我对广告的事一无所知。

伍振华是一位温和的中年男人，小我两岁，来自北京。这些孩子或是厌学，或是无人抚养，或是打小生病无药医，或是难以与人相处，他收到一起，教他们读典籍，劳动，学手艺，也学人际交往。他带着孩子们四处游历，过两三年再送回各自的父母身边。

我见到他们，由衷地感到欢喜，天天带他们去爬这儿那儿的山。有一天，双溪的陆平时来了。他是双溪才子，毕业于重点大学，在福州市从事媒体行业的工作。但他唯一的弟弟却读书未成，不会种田，也不和人来往，三十六七岁，成天发闷。陆平时掏钱供养弟弟，让他来画

场里学画，弟弟于是每天认真地在画板上涂满深蓝的横线、竖线、斜线，后来还打人，且专打女画友。陆平时很无奈，但仍让弟弟天天来画场。这天中午，陆平时从福州开车回来，还没回家，先来看弟弟陆少时，正好与伍老师等人在我的画室里相遇。

“你是陆平时。”我一眼认出。他在此地大名鼎鼎，虽没见过，但看看门外的陆少时，我就知道他是谁了。果然没错，陆平时率性地走了进来。

陆平时少年得志，那时他弟弟还小，父母便以为双龙降世，处处逼小儿子陆少时向哥哥看齐，也要考大学、赚大钱，却没看清大小各一块料，就简单地施以棍棒拳头，当是小儿子不努力，后来小儿子果真没考上大学，又见天横眉冷对，恶语相加。陆少时本缺乏学识，又没有习得生活技能，日子过得郁闷。被送到画场后不久，陆少时经常打人，画友们的意见实在太大，陆家又把陆少时送到北岩寺去，他在那里照旧天天涂抹黑色、蓝色，还让出家的师太服侍他，当真可恶。

这天，伍老师带他的学生们来我的画室，我正在给他们讲笑话。陆平时一到，我介绍伍、陆双方认识，陆平时对北京人感兴趣，提出带他们去看降龙古村，伍老师有些

犹豫，而我非常想去，学生们也渴望去。

“我可以再弄来一台车，但得有人开。”陆平时说。我立马说伍老师连飞机都会开，伍老师只得应下。陆平时打发弟弟先自己回家。他四十出头，弟弟也已近四十，但因生活无着，对哥哥很是依赖。

大家分坐两辆车，往屏南县城驶去。县城在古峰镇，一行人先在古峰镇的两座古村走马观花，陆平时临时找朋友换了辆更大的车，然后带着大家直奔降龙村。

我一天的好心情全被晕车搅坏，没找着方向，更没抬眼看风景，好不容易熬到了下车，只见一座古村坐落在群山之中。

这座村子没有廊桥，因为它的四面细水滋渗却没有溪流，只有一小股水流穿村而过。村子的中心如母鸡坐窝般陷在一片凹地中，村口有一溜高墙，仿佛村子被封于瓮城之内。几扇高广厚实的大门嵌于高墙之中，雕刻、造型各不相同。其中一道大门呈火焰状，陆平时解释道，这位前人命中缺火，所以力图补救，此外火也象征权势。进入墙内，是一条宽阔的石板村街，水从石下暗道流过。屏南的每一座古村里都建有宽敞的石板道，住户隔街相望，整座村如同一个巨大的四合院。每户人家都尽其所能地按照各

自的想法把屋舍修得十分奢华，反正山高皇帝远，无拘无束，足以尽兴。明朝时，降龙村便有人摸索着下南洋，一村的壮年男子千里迢迢地去卖土特产，又买进南洋的香料和各式珍宝，回国出售。那时的人们追求光宗耀祖，因此挣到的钱都用来建豪宅，从而留下了这座宝珠般的世外古村。

我们去时，很多人已从这里走出去，另寻别处扎根，此地差不多只剩下华丽的空城。有一位中年女人，年少时被人从外省拐来，在痛苦和穷困中度过了几十年。如今别人走了，她反而留在这里，把自己的家开成民宿。

村子曲径通幽，打瓮城后面向山上引去，一条石径倚山坡，顺弯势，通往半山腰。那里建有一座明堂般的大私塾，有两间大课室，还有先生的卧房。这是我平生头一回见到如此完整的古私塾，它和我儿时就读的小学一般大。

传说建文帝朱允炆死后葬于此地，可后来挖出来的却是座空棺。流落到这里的人们认定这是块风水宝地，于是在这里定居。而在离这不远的另一座山中有处巨大的墓葬，有传言称那里才是真正的建文帝之墓。

打降龙村回来，老天变脸，双溪下起了雨，接连好几天又冷又潮。伍老师不适应南方的水土，生了场不小的

病，在旅舍躺了几天没下床，学生们由一位蒙老师代管，我天天跑去二楼，和他们成了朋友。伍老师病好后就把我视为朋友，让我和他们一起吃饭。因大家都不容易，我很少去。后来，他又送我两箱方便面，我更是不要，也不爱吃。但伍老师确实是出于好意，北方人以面为主食，嫌南方的面食不合口味，因此总吃方便面充饥。我把方便面还给他，孩子们大多也是北方人，大家很高兴地收下。

日子过得很快，伍老师这二十几个人在双溪住了二十几天，他病好后，大家一块去广东，那里有人提供住处，能让他们度过一个更加温暖、湿润的南方冬季。我和他们挥手告别，互道珍重，希望来年能再相聚。

我在双溪还结识了一位重要的朋友。她叫席娴平，来自江苏，和我同年出生。她性格非常坦率，也比我命好，年过半百出来学画，能够得到她丈夫的全力支持。可到了双溪，她并没有静心画画，而更爱四处游玩。她很有天赋，却每幅画都只画了个大概就不愿再添细节，虎头蛇尾。

她只在双溪待了一个多月便回去了，给我留了地址，邀我去她家玩。她家在扬州市郊，我非常向往那里。我父亲在世时曾不下一千次地提及扬州，还说他死后将飞往

那里。后来，我读了很多关于扬州的诗词，越发迫切地想去。因此，我回家前绕道扬州，又来了一次南辕北辙。

时间已到腊月十几，快过年了。北方的冬天又是什么样的呢？得去看看。我整理行囊，把能寄的全寄回家，小棕狗托邻屋的画友喂养，画室的钥匙也给了她一把，毕竟也不知明年还会不会再来。我买了张便宜的火车票，“哐当哐当”地到了南京。年初去学画时，我去了趟泰州，那时初春乍寒，把我冻得够呛。这回坐了一天两夜的车来到南京，冰霜满地，又一次把我冻得够呛。我按席娴平留的地址，从南京坐汽车到扬州郊区的某十字路口等她来接。

头顶虽然太阳高照，可寒风袭脸奇冷无比。网上不是说江苏省的人口密度在全国名列前茅吗？可人家哪里把地当地！乡间的一处十字路口恍若有我家里那小镇的一半大，不盖高楼，也少有行人，让我感到置身于世外荒原。我头一回觉得世界如此寂寞，人生如此孤独。我在那儿等了很久，不断有好心人来问我去哪，给我指路，叫我自己走着去，别受冻了。我才不去，到处都像荒郊野外似的，如同误入《聊斋志异》里的世界。况且万一她不来，我从这里回去也方便些。

等了一个多小时，席娴平骑着“小电驴”来了，我坐

上她的后座。哇！从平路，到平地，再到平田，一望无际，就一个“平”字。村庄也是，一排单层瓦屋，再一排单层瓦屋，全都一个样，我全然记不得方向。席娴平从河南郑州嫁到江苏，当年她迷失过回家的路吗？

终于到她家了，怪不得我在路口等了一小时——远着呢！那么远，那么远啊！

房屋远看低矮，走进去才发现非常宽敞，只因天太高，地太厚，才显得房子小。时值隆冬，乡间的夜晚异常寒冷。我和席娴平睡一张床，床上压着八条厚厚的大棉被——她四条，我四条。在浙江台州的海边，冬天最冷时，我也只要把床铺垫厚点，再盖一条棉被。可在这里，这么多的被子差点把我挤坏了，看来在北方睡觉是件辛苦事。

第二天，席夫妻俩陪我在扬州游玩。她有驾照，为了露一手，全程两小时由她开车。

扬州市原味保存了古城，且四周严禁盖高楼。古街两旁的旧屋格外低矮，街巷狭窄，一条十几米宽的古运河中淌着浅浅的水。当年迎接乾隆皇帝上岸的码头仅有六米宽，可如今江苏人的马路远宽于此。我想，这么宽阔的马路无非更方便狂风横扫而过罢了，却使人心与人心相隔

更远。

我们去了史可法纪念馆，又去了几座著名的园林，还游了瘦西湖。我头一回见到风霜如何把北方的树叶染成金红色，头一回亲眼见到金黄的、大红的落叶。在南方，温暖的阳光与慵懒的风只为落叶林染上一层灰紫朦胧的烟草色，而常绿林即便大雪覆盖也绿意滂沱。在台州和我的老家新化，人口密集，房屋拥挤，任何时候看了都心情愉悦。

第二天清早，田野兀自白霜无际，田边的油菜都蔫蔫地趴下了。但没关系，太阳出来时它们又会蓬勃生长。在霜中，席娴平带我去看人工河。她告诉我，几十年前这一带全是盐碱地，知识青年下乡修浚河道，割除杂苇，引水自流，才有了宽广的良田。她又带我去看位于古河道三角地的一处史前文明遗址，说当年林正碌老师来海安时就在这附近写生。

席娴平家的客厅里挂着林老师当年送给她丈夫的画。原来她在八年前就已认识林正碌，并学过画画，只是并没有把它当回事。

早饭后，两人带我参观海安油画街。这条油画街由林老师主持创建，那时他生意兴隆，把中国人的油画销往

全世界。而今，大多数以画画为生的人离开了这里，只剩几名职业画师，为人画广告、饭厅墙壁、建筑外墙等商业画。

住了两天，我深感自己太不适应长江北岸的生活，执意要离开，并突发奇想地要在陌生而不明方向的冷艳月光之下，在黎明前的霜地上疾行，以驱走胸中的压抑。于是，我借起夜之机悄然离开。

天亮后，席娴平发现我不告而别，既愤怒，又伤感，开车追了一路，可我自己也不知走到了哪里。六点左右，我遇上早班公交车，稀里糊涂地坐了一个多小时，到达海安市。从海安到台州没近路可走，只得先去上海，从上海坐汽车，下午四点多回到家。

爹呵，扬州是旧时人的扬州，并不太好玩，如果你曾飞到过那里，去一回也足够了，月亮还是故乡的圆。

爹呵，在另一座遥远的山村，那里的魔芋和新化的白辣子炒魔芋不同，是拌辣酸菜炒的，天南地北的人来了，都就着那一盘有酵酸味的辣子魔芋吃开去。

二·油画村纪事

1
贴在墙上的后厨房

回到台州的家里时，已是腊月十几，快过年了。我丈夫说他腰腿生病，在家吃喝玩乐了几个月，家里的车让女儿开去上班，而我已几个月没有卖画，两手空空，得赶紧去县城找饭店打工。我丈夫却极力反对，说：“柳云，你都卖那么多画了，报道上说你是艺术家，再不可以去打工，让别人笑话你。”

这种人气死你没商量。

近年关，小城里的大小饭店生意红火，很多服务员早早请好假回家过年，到处都缺洗菜、端盘子的人。我去了一家火锅店，那里的一个云南女人正因缺人而请不了假，我一到，后厨的人哄堂大笑道：“替死鬼来啦！”那女人正在愁得想哭，这下放了心。

很多在饭店干活的女人都会想办法在年底提前请假，

因为太忙、太辛苦，可我没有选择，家无隔夜粮，有活干、有饭吃就不错了。

这家不大的火锅店，后厨格外狭窄。云南女人走后，老板想让一个负责递菜的贵州女人来和我一块洗碗。那女人一听老板叫她洗菜刷锅，便找借口不干了，老板好不容易又找来了一名洗菜工。她也是贵州人，六十岁了，又瘦又没力气，但人很好，知道我干得多，她不休息，慢慢干。

做什么事都得有头绪、有方法，才能把事干好。晚上九点我们下班后，值班的厨师和大堂服务员们仍要招待夜客，有时直到后半夜。因此，早上九点我们上班时，后厨的汤锅堆成小山。我穿着高筒水靴和防水衣，把锅里的剩油刮掉，再把锅具归拢，先用开水烫洗大锅，再送入消毒柜，然后分类洗大盘、中盘、勺子、筷子，都是成捆成捆地洗。像打仗似的忙完这里，接着清扫地面，再把菜场送来的一车绿菜分类洗净。洗菜很有讲究。完全不似在家洗一小把蔬菜，火锅店的菜量多且嫩，去除黄叶、碎根、泥沙后，更要保证每片菜叶鲜亮无损，尤其是香菜和香葱，麻烦费事还量多，格外考验本事。

原本我一直照顾着这位年老的搭档，可没过多久，她

开始从大堂捡塑料瓶，堆在消毒柜旁，准备积攒起来卖几个钱。后厨挤得没地方落脚，我劝说无果，一气之下扔掉了十来个瓶子，她骂了两三天后跑去一家新开业的理发店洗毛巾，比在这儿轻松。我也随时可以另找一份轻松的活，但是想到也许只干到正月就又去画画，再者熬过年关火锅店便空闲了，因此就没再折腾。

她走后，老板一时半会儿招不到人，生意更忙了，没过几天，我就累得直接晕死在地。店里的人把我送到医院，然后立马将我开除，工资拖欠到年后才给。我想，那些年前请假回家的人，大抵是已被压榨出了经验。有了这个教训，后来我即使在年底找短工，也只找干活轻松的店，不再去那种地方伸脖子让无良者砍杀。

我想等过完年各商家开业后再找个活干。这时，一名山东女人蔡姐托曾经在饭店工作的同事来找我，一同去西城广场的饭店干活。蔡姐年前去过那家火锅店找工作，那老板见她性子不温不火，竟看不上。可蔡姐一眼看出我是把好手，这回来火锅店找我，才从后厨的人口中得知我累到晕死的事。这件冤枉事很多人都知道了，可又能如何？幸好没死成，死了也仅仅是白死而已。人在最艰难的时候也要学会保全自己。

我去找蔡姐。她小我八岁，会开小车、公交车、大货车，可那个与她从恋爱步入婚姻的男人天天打她。起初，她抱着儿子逃跑，可带着小孩无法生存，又托人把孩子送回，起诉离婚，净身出户。往后的二十年证明了她的决定果敢正确——那男人依然没用，快满三十岁的儿子老打电话问她要钱，蔡姐很失望。蔡姐三十五岁时在三门县找了后夫，又生下一个小儿子，才九岁。她家住城中村，拆迁获得两套豪宅，可是夫妻都是平头百姓，端着金饭碗讨米。丈夫靠给别人装货卸货挣钱，蔡姐不想再开车跑长途，于是也去饭店里洗碗、炒菜。夫妻俩决定等这个孩子长大，再卖掉老宅，装修新屋。

要说蔡姐在西城找的这家饭店，老板夫妻俩人真好。年后店里不忙，我们干完活便可以找个角落坐下休息。午休两小时，起初蔡姐让我在她家客厅的沙发上睡，后来她丈夫也在那个位置午睡，把我带去的毯子弄得黑乎乎的，我便很少再去。附近恰好有家新华书店，那段时间我天天去，看了很多书。后来我还发现，在西城大厦我打工的那家饭店楼上，有家公共图书室，里面藏有很多珍贵的名家画册，有不少在书店里都见不到。这太方便了，真是难得的学习机会！

那里全是山水国画书，很少有油画，但读这些书对画油画同样有用。我在那里看到了王希孟的画，惊叹于一个十八岁的少年竟画出了如此精美的人间仙境。后来，我在深圳见到他的画册，果断买了一本。

这家饭店有一位姓许的四川厨师，和蔡姐一样四十出头。他年轻时开车拉货，后又改开汽车维修店，攒了些钱，却遭人哄骗拿去放贷，弄得血本无归，妻子也与他离了婚。好在四川人仿佛天生会做菜，老许独自带着小儿子，做起了厨师。他来这里是因为得知前妻改嫁到邻县天台。不久前，许师傅前妻的后夫带几个朋友来饭店撮了一顿，许自己掏钱付了账。他变得很古怪，辩称“反正钱已经耗光了”，每月辛辛苦苦地挣五千元工资，出租屋里却总养着一两个吃白食的混混。

许的帮厨是个三十七八岁的云南姑娘，名叫罗三妹。三妹每天下班前便开始梳妆打扮，我一直以为她单身，后来才知道她十六岁便和初恋情人结婚生子，当时已不仅是三女一儿的妈妈，还是两个孩子的外婆。罗三妹原本夫妻恩爱，丈夫开过货车，开过饭店，可前几年突然迷上赌博，输得把饭店也赔掉了。见丈夫把生意赌得一无所有，三妹气得往他背上砍了三刀，丈夫伤愈后终于戒赌，又去

开货车，并依然爱她，出门进门、张口闭口“我那三妹”。可罗三妹却已不再是从前那罗三妹，她暗度陈仓地找了情人，这份工作只是用来蒙骗丈夫的幌子。

这世上尽是些见怪不怪的事。

2

天地一飞鸥

台州的春天来得快。很快，山原浓绿满坡；又很快，枇杷将熟。

和蔡姐在一起的日子一晃近三个月。去年年底从双溪回来时，家里欠着好几千块钱的人情债，都是我丈夫向别人借来用于包红包的。我在饭店打工挣钱来还，他日日在家无所事事。我托人替他找了份给饭店送菜的活，早晨五点去菜场提菜，照单分送给各店，上午九点左右便能回家，月薪两千六百元。他一面瞧不上这份工作，一面埋怨其辛苦而钱少，眼睛望向我，想听我下旨：卿“躺平”吧。

我丈夫的叔叔是这一带有名的木匠，一生带过三百多个徒弟，我丈夫也跟着他学过手艺。徒弟中有很多人学成后开家具店或承包装修工程，单我家这个人，只学会了做板凳，把他叔叔气得干瞪眼，骂他太没用，可这位侄子兼

徒弟一辈子只记得自己挨了骂。没办法，有谁能指望一只猪明白事理呢？我不知道时痛苦，知道后更痛苦，后来我决定断除这种痛苦，断除的过程也十分痛苦。到了现在，仍偶有一闪念间的痛苦。

到了农历三月，在双溪认识的年轻朋友李晶晶发来微信，邀我一同去深圳大芬油画村。她一再耐心地、细致地劝我去那里拜师学习，怕劝不动我，又说哪怕去见个世面也好啊。“打工永无止境，该穷还是穷。”她说。

李晶晶的父亲是货车司机，她儿时听父亲讲故事，下定决心长大后要走遍全国。但幸福的日子总是那么容易失去，她的父亲很早便开始酗酒、家暴，后来喝到失去神志，四十几岁就离世了。晶晶的母亲是个很理智的女人，偷偷攒了一笔钱，后来就靠这些钱养大晶晶和她弟弟。在双溪时，下着鹅毛大雪，我叫李晶晶与我同住两晚以省旅费，但她坚持自己掏钱住旅馆，次日早起帮旅馆把被子叠好。我见她这么麻利肯干，认定她人好。现在离认识她已过去三个月，过年时她曾提出来台州看我，我当然很欢迎她，可那时穷到买不起菜，又不好明说，明明在家看日升月落闲得发慌，却假称饭店已开业，没空陪她，她便没来。她只是想来游历一回，这我懂，我去扬州时不也借了

画友领路吗?

早在二〇一二年，我就想去深圳大芬油画村，曾搜集关于那里的信息，但因为没钱而没去。去年在双溪时也想去大芬，但没去成，那是因为林老师劝我别去大芬沾染了世俗之气，可我本是世俗之人啊！这回还想再拖几个月，多攒点钱。我父亲老讲一个故事：有一对邻居，有钱的那个总说要攒点银子去南海，来年说银子不够，再来年仍说不够；他的邻居本来没听说过南海，听他说得多了，恰逢家里穷得要逃荒，没有目的地，于是见人就打听南海，就这样一路奔去，几年后打南海回来，还挣到了用来置业的钱，而那位有钱的邻居仍旧没动身。这不，我也想再打几个月的工，手里落些钱。我和蔡姐商量，蔡姐叫我早点去，去了要是活不下去就早点告诉她，她提前给我找个活等我回来。我又向老板娘辞工，她很高兴，说生意不景气，留蔡姐一个人干活就行。还没到发工资的时候，蔡姐先替我垫付出行的开销，届时老板娘再把我的工资给蔡姐。

一切办妥，我决定不再去双溪，直接去深圳。一看去深圳的票，东西两线都不便宜。我坐汽车到金华后，发现打那里去安徽倒是很近，而且往北的汽车票、火车票都很

便宜，何不南辕北辙！于是，我坐汽车到徽州，游览了整座徽州古城，又就近去了两个著名的古村落。到处游人如织，很多美术学院的学生蜂拥来这些地方写生，每人提块小画板，搭伙结伴，忽东忽西。我看着不是滋味。绘画在任何时代都是小众的行当，这些孩子中的很多将来大抵会从事它的旁类，靠绘画生存明显不易，可我为什么还要去往深圳学习？没有答案。是因为听见召唤吗？也许是。所以我不着急了，看看地图，九华山在池州，离这儿很近。从前我的几个老乡去那儿朝圣回来后向我炫耀，那么我现在马上去。我从徽州坐下午两点的末班车，六点到达山脚下的民宿。年轻的老板告诉我，山中景点太多，即使重点游也需两天。我边吃晚饭边听他讲，吃完便就近在山路上闲逛。

太阳已经下山，金色的余晖染满西山。我信步爬山，一小时后到达小丘顶，山脉如龙脊蜿蜒伸展，大小寺庙及石塔建在山间。月亮并未升起，可是天光如陨石般闪烁，道路、林木历历可见。山间安静，可流水、细风之声如清弦轻抚，绝妙空幽，我平生第一次静享虚空。在一片平坦的石台上，有座浮雕小石屋，壁有佛像，是千余年前的人造就的。我在屋前的石台上坐下，和古人相见，隔着悠长

的时空说些风语。

我继续前行，一直游遍山脊，大多庙宇都已熄灯，唯有崖边的一座小庙还有个老和尚，我上前搭话："夜这么深，可否借宿？"那老者关上门，叫我明天再来，我便只得独自回走。转念一想，在山脚时就已天黑，我已经独自在深林里转悠了三个小时，何由见到人反倒想起来害怕，怕啥呢？于是，我坦荡荡地沿原路下山，本想走另一条路，但山间地形复杂，到时候找不到那家订好的民宿可就麻烦了，便作罢。

第二天早起，吃了饭，我按民宿老板的指引，先坐车去另一座远山。车上全是陌生的游友，下车后大家互相跟随着上山，走过一片平川，有田，有溪，有人家，然后进入险山，一路爬呀，爬呀，走过一大段天梯，终于到达九华山顶，我心意满足。

我回到山街上买了几件纪念品，然后坐车前往池州火车站，从那里坐慢火车去往深圳。

在空荡荡的火车站候车时，我遇到一对年轻夫妻，正准备赶回老家。我问他们："刚出来，咋急着回呢？"女人一脸忧伤地说："是呢！好不容易找了份稳当点的活，孩子突然生大病啦，不回也得回！"我也为他们担心，人生都

不容易。

我便不急着去深圳，而是在河源下车，去看望去年冬天在双溪认识的画友伍振华和蒙老师他们。我心里一直想找条能让日子过下去的出路。这不，我手无余钱，还捎着一个等着向我伸手的丈夫，没钱他就向别人借，可我还要花钱学习！我这一生，命运之神把我架在火上翻烤，我自己也把自己架在火上翻烤，也不嫌焦。

广东省内各地的经济发展水平很不均衡，比如河源市，发展程度就近似于我老家新化那样的内陆县。我可不是在胡扯些风马牛不相及的东西，新化县地处湖南中部，人口曾有一百二三十万，地域辽阔，水路纵横，内循环非常发达，人们都过着富裕而舒坦的日子。可几十年前，冷水江乡被单独划成县级市，新化便再怎么发展也没能“晋升”为市，这口气憋了那么多年，大家也不愿再作想了。

伍振华老师带着一个学生开车来接我，他们的安身之地在三四十千米外的镇郊。还是那些学生，但这年一过，一个个猛地蹿高不少。房东老许和我同龄，他妻子是四川人，五十岁仍貌美如花，夫妻俩住主房二楼的两个房间，女儿已经结婚，儿子在广州上班，偶尔回来。

楼下一座大院子的东角种了很多花，从前这里是许老

板的屠宰场，他二十几年来以杀猪为业，后来不干了，又去山边捡了一大片别人荒置的地种有机蔬菜。

二十来个大大小小的孩子分别住在楼上、楼下的宿舍，教室在院中的平房里。大孩子照顾小孩子起居，每天读书、写字、画画，一日三餐也由孩子们分工轮做，好让他们锻炼生活技能，为将来回归学校、走上人生路做准备。伍振华五十岁，生在北京郊区，年轻时在部队十来年，退伍后开了十几年车，后来靠开网吧赚到一大笔钱，但因见了太多青少年因沉迷网络而耽误人生，便关门不再做，转而义务收留不能适应学校生活的孩子，同时也收了好几个遭遇家庭变故、无依无靠的孩子。但是这么多人的吃住花销不小，这回在河源全由许老板出钱，房子免费住，吃得朴素些，也就省了一大笔钱。但下一站去哪里呢？好在很多孩子都长大了，已可自立。

学习之余，孩子们早晚读《大学》《中庸》等古书。我问伍老师："孩子们读这些书，没人讲解，弄不懂怎么办？"他说："读就是，不必理解，古时候的人就是这样。"这一句使我觉得他没有见地，还有些固执，不免内心失望。我在双溪认识了好些北京画友，但都是泛泛之交。去年觉得伍振华人特好，我想以后跟着他的脚步到北京去，

有个熟人，找份工作也就容易些。这不，我这辈子一直想去看天安门和故宫，几十年了也没实现。

看过伍老师和这些小朋友后，我便去往深圳大芬油画村。伍老师照顾着那么大一摊子人，听说我要去深圳学习，一定要悄悄地支援我一千元钱，谁知我过了几年也没能还上。

3
房东却是故乡人

其时李晶晶早已到达，并租好房子，只等我到来。因为我一路拖沓让她等得差点失去耐心，所以当我在大芬地铁站找不到方向给她打电话时，晶晶把我晾在那儿几小时，弄得我心冷背热、心急如焚，她才慢悠悠地来接我。

晶晶租的房子在油画村中心偏西的一栋房子的四楼，约两米见方，搁一张宽一米二的平板床、一张小桌子，便再无多余的落脚地。好在它有扇小玻璃窗，深圳临海，空气通透，夜风凉。房租每月六百元，我和她平摊，各出三百，这下可放了一大半心。

这是大芬村原住民盖的高楼，有十来层。我们的房东是二房东，名叫舒友文，小我六七岁，有双黑亮的大眼睛，一头蓬松的秀发看上去意气风发，带着几分书卷气。舒友文出身贫寒，家里有四个姐姐，他最小，好不容易

读完初中便辍学。他初中时的班长是乡干部的女儿，家境好，喜欢他，但舒友文不敢接受。那姑娘念了高中，分配了工作，仍放不下他，便为他介绍了乡里一位功底深厚的国画老师。舒友文跟着那名画师学习三年，十七八岁时来到厦门打工，最后辗转到了大芬油画村。他用了好几年，由国画磨合到油画，好在那时候欧洲人热衷于买中国人的画，舒友文没费多少力就蹚过了一条大河。后来，舒友文经人介绍，认识了长沙人孟青华，也就是他这一生的妻子。孟青华小他两岁，结婚时两人都年近三十。她很有头脑，一来就敢为人先，为他注册了网店。生意十分红火时，小孟自己买打包材料以节省成本。可即使这样，他们仍错过了低房价时期，后来只在惠州买了一套住房。

以前，舒友文租下三、四两层楼开画室，订单多时需请两三位画工为他画前几层，他再修改、润色，这时候已非昔日，便退了三楼。晶晶租的这间房原本住着舒老师的儿子，后来学校要求学生住校，于是舒老师把房间租了出来。舒友文老师是湖南安化人，安化与新化相邻，他家所在的镇子我年轻时去过几回，那里地形险恶却风光如画，多产柑、橘子、橙子，我沿着辰水河上下走了很多地方。原来房东是故乡人啊！

七拐八折，我终于来到大芬。当初几度梦想着要来，末了无意中全靠李晶晶费劲拉扯我才来，她无论如何都是我的贵人。

在我的内心一定深藏着一个梦，只是生活的困顿反复碾我，磨灭了我所有的意志，但当我看到《清明上河图》时，我下意识地对空用手指勾画，思量树如何画、石头如何勾勒、人世间的富贵与沧桑如何表达。

二〇一〇年，我在电视上的人物专栏里看到一位北方某民间画派的传人，那位二十几岁的姑娘被寻到深圳的画村里画画，免费使用画室。镜头拍到她质感极好的衣袖里灵妙的手握住画笔开始勾线条，那一幕我刻骨铭心，心想，自己也能学会吗？

二〇一二年，我在一篇报道里读到大芬油画村里的“福建帮”，讲的是某村出了一位有才且心善的画家，把一村子的亲戚朋友都带到大芬，租下一栋楼，一同学画、卖画。我又羡慕不已，但仍是咽下唾沫让自己死心，因为没钱。其实我一直在拼命挣钱，但是我这腹背孤单的命，挣五千元的同时又有七八桩需五千元的事等着花销，口袋里留不下一分钱。更重要的是，那时女儿还在读书，若抛下现有的生活，定会伤害到她，她是我生命的意义所在。去

年能离开家去双溪，就是因为女儿已经开始工作，且家中房子家具置备完毕，债务也还清了。这回幸亏有李晶晶一再拉扯我来，我虽身无分文，但还是来了。

安顿下来后，第二天一早我便在画村里四处看。哇！简直就像刘姥姥进了大观园！各种画派，各类画家，见所未见，不胜枚举。

深圳的太阳明晃晃地亮着，刚打地铁里出来，便被晒得浑身毛孔都在膨胀。到处是人，川流不息的人。画村的南入口左侧有一座铜雕，一只巨大的手洒脱地握着一杆遒劲的画笔，在它一旁倚靠围墙生长着一棵巨大的木棉树，朱红色的花簇拥盛开。墙外宽大的马路向东直达海边的盐田区，顺着道路延伸的方向望去，天空尽头是浅灰蓝的梧桐山，它是著名景区，到达山顶可望见香港渺茫的街景。

油画村紧邻闻名遐迩的南岭村，那座小村庄是最早开始改革开放的村庄之一。从这个口进入，是一条南北贯穿油画村的马路，它通往时代广场画区，那是大芬画村的代表，顶尖的现代派画家都集中在那片画区。

南口的马路西侧便是油画村始建前被称作“大芬”的原渔耕村的发源处，此前我一直以为“大芬”是个外来名。这里最早应是一块较高的坡台地，村子被拆后保留了

两座相连的老村祠。我走进去站在约两百平方米的旧场圃中，看低矮的砖雕铭文—— 一边写“洪氏祖祠”，另一边写“邬氏祖祠”。也就是说，大芬村由来有洪、邬二姓相濡以沫，共享尘世沧桑，在此繁衍生息至今。又有一块嵌入墙体的石板，上刻铭文略述洪、邬二姓于何年代、由何处迁至此地。

我第一次这么近距离地接触洪姓，尽管没有见到具体的人。至于“邬”这个姓氏，我在老家县城有一位同学叫邬艳华，是随父母从外地来的，记得她是因为她虽长得不美但肤白，身材好且打扮时尚，人很大气，所以颇有人缘。她让我明白，美丑、贫富都不是事，性格好、能放下才是要紧事。所以，多少的痛苦岁月对我而言压根不是事，我只照自己的计划前行，若事坏了便绕道继续前行！绕来绕去还是抵达这里，也属必然。

是我自己等待了自己多年，是听着自己的召唤来到了从前的远方。

油画村的主干道是十字形交叉的两条马路，将村子分成四块大豆腐干。村呈长方形，南北窄，东西长，一条溪流沿村西淌过。村子四周被高低起伏的丘陵围绕，似在盆底，有“聚宝盆”的寓意。同时，从地理和气候角度来说，

它紧邻海岸，台风频发，村子于千年前就避于群山之中，以防被飓风掀翻，也至关重要。至此我发现，古代的巫师大抵也是像我这样历练过来的。

以我捡来的那点画画功夫粗浅地看，这里的画家们可分成几大流派。首先是传统的山水国画，其中又分出一派刀画，由东北的一位民间画师自创，在软硬适中的厚橡胶上切割出一个几厘米宽的类似刀口的面，抹上调好的颜料，以刀自由刻画出山棱、山峰、山崖、歪树、巨石，画面看上去质感苍劲。

从山水国画中还衍生出一个小派，以油画的方式画国画，用色介于深沉的黑白灰与更明丽的彩色之间。抽象画在山水题材中也占比不小。此外，还有一种所谓删繁就简的“学院派”，仅仅画一座房子，画一个瓜棚架，画一片毫无特色的土地，真无美感可言，却也无自知之明地在大芬开店，徒等没落。

画写实的人物画，要有天赋和深厚的功底。从古至今，只有贵族和有钱人才请得起人来画像，而到了摄影技术高度发达的今天，画人像作为一门生意已近乎式微，但仍然有极少数画家坚持，他们中的很多人有时也会画更能赚钱的风景画。

此外，还有勒丝铜画、贴瓷画等，它们属于民间传承的绘画技艺，其中一些还是非物质文化遗产，但只有极个别画家会画，且面向小众的收藏市场。

总体而言，西式油画、山水国画、写实人物画、抽象画是主流。抽象画几乎全部对接外国客户，越捉摸不透越好，画商低价买一大堆邮往大洋彼岸，装裱后售卖。有一位外国中年女人，蓝眼长得秀气，脸瘦长，我常趁她买一堆抽象画时和她用英语交流，她也向我问候。她对我说一句英语，翻译过来是“看你很舒适”，然后我用另一句更简单的话回复她。

画村里的房子大多是当地村民们在各自的宅基地上修建的，平均有十来层高，也有少数楼房是当年极有头脑和运气的外来农民逮到机会买下宅基建造的高楼，他们从此三代生活无忧。在此租楼层开画店或租店面卖画的画家，以及前来学画却有财神莅临而半路成为画商的人，并没有按画派或才华的等级来分区域，而是随机分布，很多地盘已几度经历夕阳红，你方唱罢他登场。此外，卖画书和画材的店、卖装饰性画框的店、内外框装裱店、篆刻图章的店，毫无章法地穿插其间。油画村的画家们基本在晚上八点开工，画到深夜，白天睡觉，因为白天各装裱店的

捶打声、电锯声不绝于耳，不知道的还以为这是一片工业区呢！

走出大芬油画村，西街区有一家巨大的超市，来自全国各地的吃穿用品齐全，而且超便宜。过超市前的天桥再往南走到坡脚，是这一带最大的农贸市场，那里也有全国各地的土特产，如腊肉、松花蛋、香肠、腊酱料鸭，还有本地时鲜的各种绿叶菜和水果，价格适中，很接地气，我仿佛又回到三十年前新化那土里土气却非常自由的南门湾市场。

市场南面是呈阶梯状建在山坡上的居民区，十户有八户是在此买房定居的湖南人。他们都是迟到一千多年的客家人，而我是临时的客家人。

油画村南口马路的对面，原是属于洪、邬二姓的荔枝林和山地，如今早已被成片的画框材料生产厂和其他工厂占据。

在北面，从时代广场画区走出画村的围墙，是纵横交错的高速公路和立交桥，我至今也没弄明白那些道路通往何方，就由它们去吧！

世界如此繁华，我却两手空空，已经五十二岁，真是老且寒酸，忧愁从死去的痛苦中卷土重来，让我心中

沉郁。

在画村十字路口东南面的繁华地段，我看见一名六十来岁的老男人，长得慈眉善目，正用胶质刀画层层山石。他画室墙上的显眼处挂着“刀画传承弟子”的字样。我看他的画，觉得新奇、特别。这就是前文说的由东北一位老画家自创的独门秘技，弟子们后来将这种画技带到了深圳。

我决定拜他为师，并把这个想法告诉了李晶晶。晶晶没说话，她的老师说：“那你去问吧，那是边老师。”

哦，姓边的，我听说过这个姓氏。于是我走上前去，恭敬地叫一声“边老师”，问他能否收我为学生。第一遍他没听见，我重说一遍后，他提着胶刀转头斜我一眼，鼻子里“哼哧”一声，甩了一下手臂，又回头画画。他这是在客气地叫我滚一边去。

我怏怏地走开，李晶晶幸灾乐祸地笑到岔气，她的老师表情复杂，没有吱声。李晶晶把这事当笑料，讲给画村里她认识的每位画师、画店老板听，有爱听的，也有不爱听的。我习惯了被蔑视和背叛，倒也没当回事。

然而这还没完。我们租住的房子也在画村东南面，来来回回都得经过边老刀的门口，这下被他记住了，我每走过

一次，他便指着我对旁人讥笑一次："瞧，就那老女人，疯癫癫的，居然说要学我的刀画！"听的人哄地一笑。他这般一说再说，那帮白天闲着不画画、中午才起床的人都把我当名人似的记住了，老远一见，就开始讪笑，说"又来了，又来了"，弄得我再也不敢打那里过，只好绕道，这一绕反倒找到了油画村里好多弯弯肠子似的密径和捷径。

那时我就如一个穿裤衩的乡巴佬来到巴黎那样，自己看繁华，别人看我逗笑。那位边氏认为自己作为刀画派的主力弟子，地位不低，我这么冒失地找上门，对他极不尊重，他一定气得够呛。

后来，我在画村里又观摩了近十位刀画师的画，方看出点门道，题材很单一：一座跌宕险峻的山上，一条弯曲的山径从水边通往山中，山腰画一两间简朴的村居，偶有一樵夫；林深处云雾缭绕，绝险处丛林尽染嫣红；前景则是一条似有若无的河流，或岸阔涛平，或有一叶小舟。那些画仿佛都只是对同一幅画稍事添改，这一画派所画的内容就禁锢于此。我即使学了，也只会保留一星半点的精髓，融入我自己的画中。

这大概就是古人留给我们的简单道理——移时易势。

4
谁来做老师

晶晶二十几岁时来深圳打工，工厂就在油画村附近。她由衷地喜欢画画，立志学画，但那时她正在谈恋爱，男友心疼她，让她摆摊做点卖指甲油、给人涂指甲的小生意，也有些忙碌。后来，两人回家结婚，玩了大半年又转回深圳。那时她已怀孕，只好在出租屋里休养，可她的新婚丈夫居然和一位饭店服务员勾搭起来，晶晶差点气昏过去。当年她二十七岁，爹已去世，结婚、离婚都不容易，她因此选择隐忍，与丈夫和好后回了家。孩子长到一两岁时，晶晶生了点小病，却阴差阳错地险些被庸医诊死。几次三番经历挫折，她的内心变得怯懦不堪，她不敢费力劳作，害怕生病。可是她心存进取，读了很多书，喜欢到各处游历。儿子五岁时，晶晶问丈夫要了点钱，来深圳学习绘画，师从一位著名美院毕业的女老师。这位老师的艺名

叫寒石，她和舒友文同龄，且是朋友，晶晶租的房子也是由寒石介绍的。

寒石有一间临街的小画室，很擅长画风景画。她有一双儿女，丈夫是她在美院时的同学，看中她的才华与美貌。两人从广西来深圳后，丈夫进了一家大公司做设计师。再后来，两个孩子都上了大学，丈夫辞职自己当老板，他农村老家的一干兄弟、表亲通通跑来入股，他的一位旧情人也悄悄跑了回来，坐在公司的某个岗位上。寒石的性子本就不温不火，画画又没决断，已经画得很好了，仍到处修改，往往别人三四幅画作早已交货，她还在打磨第一幅。早年，画商会直接来把画取走并付款，再让她画下一幅。可如今市场惨淡，没人催她交画，她因此压根挣不到钱。再加上有丈夫扯出的一堆破事叫她分心，她再善良也孰不可忍，长久以来吵架度日。

李晶晶早在四年前就拜寒石为师，学费每月一千一百元，但她每回刚学不久就被夫家追回去。这会儿我来找她，她正在寒石老师的小画室里听老师聊一堆琐事。晶晶有心让我与她共师，可这不是我想要学的。

“那你想跟谁学？”她俩问。

我想学那位边老师的刀笔山水，怎料拜师不成反而沦

为笑柄。李晶晶私下认为，是她引导我来大芬，因此有些事就该听她的。可她自己仍用着四年前买的那一点干瘪的颜料，画架上摆块巴掌大的画板。在寒石老师的课上，她抱着手机不放，口里“嗯啊支吾”。老师催她画，说：“你这是付费学习呀!”她木然不动。寒石老师耐心地坐下来教她动手，边讲边画，李晶晶打开油纸袋，细啃慢咬香酥麻辣鸡爪，还高高跷起二郎腿。二〇一八年夏季，她在深圳待了三个多月，我自始至终没见她完成过一幅画。

我的卡里只剩七百多元钱，伍老师资助的那一千元不属于我，不能作数。我必须先解决生存问题。李晶晶建议我做小生意，白天画画，晚上弄点水果推着小车到处售卖，吃住的钱便赚回来了。她这是睁眼说瞎话，完全没考虑到赶早批发货物及货物存放的问题，我反问她：“你干吗不做这行当呢?”她说有老公养着她。我一时无言，跑去邻村的几家饭店找活，却都碰了壁。我又去了画村旁的一家中介，中介很热情，说工厂里包吃包住，一天工时十四小时，月薪两千五。一天后，他们又打来电话，说有家饭店能开出两千三的月薪，也是早去晚归。工时如此长，工资却如此低，我心里暗骂其毫无人性，谁去谁倒霉!

不过也有收获。我找到了一家位于一千米外的大型农贸市场，新鲜且便宜的瓜果蔬菜、肉、蛋，应有尽有，来自各地的优质土特产俱齐。虽然要什么有什么，但它的地面又破又脏，远不如我家小镇的市场，可在那地方拥有房产的人当中，却有那么多湖南人！经过这家大市场，再过立交桥，回头便是一家繁华的大超市，同样货品齐全且特别便宜。浙江的东西在这里都能货真价实地买到，让人没有乡愁。

舒友文夫妻租住在别处，画室里留了好些锅碗瓢盆。我买了油米酱菜，在洗手台前简单煮熟，和李晶晶一块吃。没过几天，晶晶抱怨吃得太素，我又买了些肉来做，这里的肉比浙江的便宜。她每晚会去小吃街买点好吃的，边走边吃，并留一点放在小包里，白天我不在时再吃。

过了两天，晶晶建议我跟舒老师学画。舒老师很实诚，说从前带过学生，但人家没学成，他很惭愧。那位学生是来自他老家的年轻人，画虽没学成，但很有赚钱的本事。至于我，他只是让我有问题随时问，眼下他的生意虽不如从前，但还是忙得顾不上带学生。而我原本也不愿跟他学画，并非他画得不好，而是关乎处境。我们吃住都在这里，若又在这里学画，时间长了恐生是非。

自打上回遭画刀画的老头嗤笑后，我学乖了，反正不上班，又带了一手提箱的定制时装，便一天换一套，又给自己设计了个时髦的发型，穿上高跟鞋在画村的每个角落、每片画区来回观摩。当我穿成这样时，所有画店老板见了我，一口一声“老板娘，老板娘”地叫。油画村很大，聚集了如此海量的画家，他们的各式画技、各色画作都使我受益。我决定，必须学下去，可是工作这么难找，又令我忧虑且煎熬。

来这里快一星期了，我半点也没耽误，借用舒老师的画架，又自己买来画板和颜料，在街上看中谁的画，回来后就在家中的小角落里默写似的照画。

在时代广场画区，我认识了杜军老师。杜老师那时才三十七岁，他十八九岁时攒了两年的打工钱才正式拜师学画，却不跟着老师指明的思路走，只因为老师教得不符合他童年放牛时在山间地头所见的景。他就要画自己的景。老师劝他先跟着画，等挣到些钱，再去画他那放牛的景。他不听。老师十分生气，便当他是一头犟牛，给流放了。可牛不怕什么，只犯倔，借老师画室的一角，独自画了一年，然后自己开了画店。后来，他的画被香港的画商看中，他从此走上了坦途。这是杜军后来告诉我的。

我刚到油画村时转了一圈，认定时代广场画区的画家们是画村里最好的，而杜军老师的画很符合我跋涉山水看到的真实的自然。我没放过牛，但是我一再流放过自己的心，因而我的心也熟知这些景。

那幅画为竖版，布面高两米，宽一米二五，高高的山岗逼近云层，湛蓝的天色顺着远处缥缈的山坡泻下。中段是云霭缭绕的起伏的山峦，弯弯山路绕下梯坡，通往草地。山下的秀林间有疏村房舍、拱桥流水。近景从中景的右侧延伸而来，一条河流从山脚向左流经石滩，冲过桥下。河岸近在眼前，有一群水牛或伏在浅水湾中，或站在一旁的草地上。

这是另一种静谧桃源。它与我对春天的眷恋、对秋天的求索相呼应，于是我马上照着记忆在我的画板上重现这幅景。舒老师见了，说我心太高，应该先画简单些的。他出身寒门，心地宽厚温和。而我不一样，十四岁前四处打架，又总逢四面楚歌声，“不服就干”的性格一生没变，哪里是什么心高！舒老师同时也劝我临摹名家名画，那样进步更快。我听他的，去买了几幅名画印刷品开始临摹，心想万一没找到老师和工作，就这样在这里画上一年半载，也会收获很多。

几天后，晶晶说有好消息，原来是马路对面的高档画区楼上正在招画工，高价计件付款。这事听着就像天上掉馅饼，再说我还没摸清楚他们的风格呢！画村各处都贴着他们的招工广告，我一天前就看见过，但没当回事。晚上，寒石和舒友文都说可以去看看。

第二天不到八点，我便和晶晶赶到那里。那个老板整租了第十一层，现场来了三四十个人，除了我和晶晶，通通是男人。一名六十多岁的男子自称是公司的副总，他个高且瘦，身材挺拔，头顶扎一绺短发，脸白而无皱纹，五官帅气，口小唇薄，似乎尽力不让别人看出他是个老男人。他的一些巨幅人物风景画一字排开，摆在走廊的墙边。以我的眼光看，画是不错，但都缺了点什么，后来我明白了，缺的是精神与气势。

那些画，画的都是西藏的人和景。画中人物身穿藏服，一个两个站在灰黑色调的背景前，他们的身后或是一片树林，或是石头地，天空中飘着阴沉的云。

我没有去过西藏，而是从丘陵间走出来的，心境并不与画中的景色相连。但我后来回想起来，觉察出不对：西藏的天空比全国其他任何地方的都更蓝澈、更干净，而他却把那里的天画得如伏尔加河畔的天那般寒湿阴冷。他

说自己年轻时曾在俄罗斯学习，我想，那也不能把两种完全不同的自然环境混淆在一起呀！接着他又说，他在意大利待了半辈子，可意大利的风景却没有从他的笔端流露出来，看他的画，仿佛他从没去过他说的那片土地。

他反复强调一个词——灰调。他认为欧洲所有画派全在这俩字里，多少伟大的艺术家，多少名画，全表现在灰不溜丢的色系里。

此外，他宣称自己因追求艺术而冷落了妻子才被离了婚。我心中认定这事好不到哪去。

闲话少说。老板来了，给每人发了一张图纸、一块画板，让大家各自在墙边找位置站着画。每个人拿到的图不一样。我前面一名三十几岁的贵州青年用一个小时完成了他的画，我羡慕不已。因为场地很宽阔，又允许自由聊天，我便去向他搭话。他姓李，前几年在大芬村开小画店挣到了钱，心想这事搁贵州可是独门生意，回家指定更赚钱，又能带学徒，又方便照顾家里老小。于是他回家开画店，不料门可罗雀，不到三年，老本亏光，这回刚退了店，回到深圳。他环视四周，暗示似的向我摇摇头，走了。两天后，我给他打电话，他说他去了一家工厂打工，那里有很多他的老乡，毕竟家里亏钱，当下还是挣钱要紧。之后

我们便断了联系。

再看我旁边的一位年轻人，个不高却很结实，名叫刘伟雄，广东汕头人。他在广州开了多年画室，这阵子生意不景气，因此来大芬看一看。这人的眼睛很有神采，五官英俊，似非等闲之人，只是下巴欠圆。他功底扎实，是所有人中画得最好的，画完后把颜料盘留给我，没说话就走了。老板来看他的画，说画得不错，以为是我画的，叫我留下。我说不是，我的还没完成。

第二天，回来应试的只剩下我、晶晶、一个二十岁出头的“兔唇”男孩，还有三个老男人。“兔唇”男孩有先天性唇腭裂，虽已修复，但仍有伤疤，说话声音含糊。他非常努力，也有功底，那位副总交给他画的，他全能画好。可是副总派这男孩一会儿去买颜料，一会儿又去买烟，而且从不给钱，这男孩一两天就被榨掉了百十元钱。

老板是个中年男人，从外表完全猜不出来路，也不常来，一来就招副总过去，问：“这笔订单真的能赚到钱吗?”副总一见老板，便唯唯诺诺地低着头。

第三天下午，副总十分客气地称呼我为王老师，把我叫到办公室里谈话，吞吞吐吐地说出一句：“王老师，你看，你画得不错，但欠火候，需我亲自教你。这不，我是

留学几十年的艺术家，不可白教你，明天你暂时先交三千元钱来。”

我背后冒冷汗，但还是淡淡地问他：“哦，是先交三千……那么你教我学到什么水平呢？以后还要再交钱吗？”

“先交三千元，之后看情况，但肯定还要交钱。而且，如果你需要资格证书的话，我们都可以办，那更要另交一大笔钱。”他充满期待地对我说。

我想大概是因为我这两天画得太认真，让他以为我非此地莫属，索性问他：“李晶晶呢？”

这位“老艺术家”说：“她是抽象派，不好说。”我叫他容我考虑一下。

我转身去找李晶晶，她兴高采烈地指着自己涂得一塌糊涂的画说：“我早年做指甲油生意，各种近似色我烂熟于心，所以现在画画轻而易举。哪像你，画得黑一笔白一笔。”

我后来得知是李晶晶向这所谓副总吹嘘她是如何把我带到大芬村，我又是如何拜师无门，于是这个六十岁却衣食无着的老男人便打着赚钱的主意，要收我当学生。

我十分落寞地走出大厦，回到舒友文的画室。舒老师几天前带我去见过另一位湖南籍画家。他姓吴，小我八

岁，愿意带学生，画室也大。但我不喜欢吴老师对色彩的运用。他的画使我想起在双溪认识的一位画友，我们眼里的炫彩，在她眼中只是单调的灰绿色，而见到红得耀眼的山花时，她甚至会无法抑制地发怒。吴老师和我一样出生于山区，但他笔下的风景色调很暗，沉到压抑。这大概与他的成长经历有关，他父亲多病而懒散，母亲耕田种地，当牛做马，辛苦养活他们兄妹四人，但也因此脾气暴躁，怨怼不休。吴老师作为长子，承受着巨大的生活压力，唯有闭眼咬牙，扶持一家人熬过来。所以，明明是晴空下耀眼的树林、金色的璀璨叶子，他却画成灰暗的土黄与红绿混杂的颜色，买画人看了也忧郁地皱眉。这种一目了然的分歧使我不愿跟着吴老师学习。

但我当下拿定主意，只要有一个自由画位就好，往后便靠自己思考、学习，总强过上某个居无定所的“海归艺术家”的当！

吴老师说：“一共只要五千元，不论你在这里学多久。”我并不太在乎价钱，我天生会用问题解决掉钱。舒老师那里空间狭小，留在那里画非长久之计。舒老师和吴老师与我毕竟都是湖南老乡，我觉得比较可靠，便决定以他为师，同时也以大芬的众高手为师。于是我请女儿给我

三千元，她怕我没饭吃，给了我三千五百元。我又向周志铁老师提出借一千元来支付学费。

周志铁老师是我在双溪学画时通过微信结识的。那时，林正碌老师有一个公众号平台，用来推广画友们的优秀作品。周老师通过那个平台联系了我，让我把画作发给她看。我给她发了一幅双溪古街，她提点我不可画成空景，而要动起来。于是我添加了一位时尚的女子和一个孩子，孩子手里拿着高高飘起的气球鸟，身后还跟着小狗，再画一个从门口探出头观望的居民。果然，画面就丰满起来了。之后，我连画了几幅不同角度的街景，都加上了人物，街边的房门前有盛开的花，庭院里有树，那些画很受欢迎。

后来，我画了北岩寺南面山脚的古村，画了春天双溪近郊的田园，画了台州老家门前在河上捞鱼的捕鱼人。那时我不过是稀里糊涂地尽力还原自然本色，全凭无法言喻的本能和感觉。周老师喜欢我用明晃晃的颜色描绘的乡土风光，居然认定我天赋异禀。她自己买我的画，还推荐她的朋友、亲戚买我的画。

几年后，我才与周志铁老师相见。她身高一米五，样貌平平，穿着朴素而得体，语调柔和，性格平实。我没有问她为何多年来一再唤醒我的灵魂，但她告诉我，她二〇

一七年读到了我为林正碌老师写的短文，觉得我与众不同，后来又得知我的画是一出手就画成了那样，而没有经过训练，她居然由此断定我是被埋没了几十年的天才，便单纯地想要在我有生之年挖我出来。她性格纯粹质朴，唯有对我一再唤醒。

她不太赞成我来大芬学画，认为我极有天赋，该自成一派，我觉得她这是犯了幼稚病。但她还是马上转给我一千元，我当即交给吴老师四千元，他问我为什么不交齐，我说："后会有'齐'，只怕一次性交齐，你很快就不认识我了。"

就这样，我第二天便早早地到吴老师家楼上的画室开始自学。确实是自学：一来，他忙于画画、卖画；二来，他的表达能力不如舒友文，想说的话只可意会不可言传；三来，他其实只想收学费，不想教东西；四来，我不喜欢他的用色和风格，因此一开始就打算各画各的。

与此同时，那个海归老男人眼巴巴地等着我去给他送那三千元。他问晶晶我去哪了，晶晶觉得她仿佛有锅盖那么大面子，晚上一见我就说："明明说好给钱，人家便教你画画，到时候我俩都在那里为他们画商品画，又能赚回好多钱。"她三十几年的生活漂浮过，依然见风就是雨，

把一家“皮包公司”当块肥肉。我告诉她，我已交了五千元钱，拜了吴老师为师，她愤怒地认为我不争气，立马提个小包下楼，到街上和她认识的人说闲话，把我贬得一文不值。第二天，她又气急败坏地质问我：“你不是说你没钱吗？哪来的五千元来交学费？”我说：“给骗子的钱没有，但给好人的肯定有。”

多余的话我不再说了，仍然天天买菜做饭让她一起吃。她小时候吃母亲做的饭，结婚后吃婆婆做的饭，习惯了端碗就吃。她一边吃饭，一边用手机播放英语对话，说是在学英语。我说：“你既不开口练口语，又不抄写单词，这样听一辈子也白搭。何况你花这么多钱跟石老师学画，这才是重点。”她很生气，说我菜里的肉太少，她早就吃不下去了，又说：“英语，你懂吗！”我说我不懂，只会一些日常对话，况且大芬的外国画商见面时聊的大多也只是些简单的内容。她咽下一口饭，接着说：“你画得稀里糊涂的，是我把你带到大芬来。现在呢？人家留下我在那里画，却不要你。我都是为你好，你就依我，去让吴老师把钱退了，回我们那去。”

我不和她说话，每天早早起来去吴老师的画室，选择我喜欢的错综复杂的风景画，一幅接一幅地临摹。临摹的

难点在于，原创画家对着山水，将不同的色彩一层一层地叠加，而临摹者需要反向琢磨，从外往里探究它的来路，反复多次方能画成。完成一幅画便能学到不少，临摹得多则进步更快。

我生性热爱自然，自然中的一切美好在我的记忆里叠加、拼贴，哪怕是一小块苔石的光泽和遥远的另一条溪旁的一簇蓼蓝，只要意念一闪，流水飞来，蓼草、苔石、小泉组成的画面已在我眼前。当我临摹一条欧洲土地上的河流，它宽广而深邃，向我流来，河流之上森林遮蔽，两岸浓密的树荫中，巨大的枯树倾覆横斜，岸边只露出窄小的河洲或沙滩，让人一看便知此处久无人烟，有野兽出没。这样的景，欧洲画家画得虽真实，我却感到陌生，而且心情压抑。我从不要求自己画得很像，因为外国人的大地上不长中国人的山，中国人的山上不种外国人的树。中国人多，因此即使再偏远的河流，也曾被反复治理和整修，我们的河流滩宽岸阔，岸边鲜少能保留那么多树木，大多都是次生林，或是良田沃土。于是，我画着画着，那水还是欧洲的水，那天空也仍是欧洲的天空，但那洲渚、河岸及岸上的道路，通通画成了中国的风貌。

5
无可奈何之事

我拜吴老师为师，自始至终不过是租了他画室的一处墙角作为学习之地。

吴老师是湖南武冈人，家中还有一弟一妹，父亲多病，全靠他母亲一人下田上山地劳作。他是长子，父亲一再交代他要靠自己，要动脑子。武冈多山，汉、苗、瑶多民族混居，曾是贫困地区。他读到初中便辍学当木工学徒，十八岁时承包了一家木材加工厂，那时他父亲已去世。他想多挣钱，好让全家翻身，于是每天干活直到深夜，大脑睡着了，四肢仍在活动，不幸被电锯锯断了左手。

才刚成年竟成了残疾人，几年的努力白费，天又塌了下来，而且比以前更黑暗！他的弟弟好不容易上了高中，只好退学去广东进厂打工。一年后，以为自己将就此终老的吴老师遇到贵人。湖南省扶贫机构通过他以前的学校

找到他，才知道从前那么优秀的学生不幸成了残疾人，一位湖南籍的香港画商便招他去长沙参加绘画培训班。吴老师非常珍惜这个来之不易的机会。他的绘画天赋不算高，但付出了十二分的努力，终于在一年后被送到大芬油画村为画商作画。

“那时我不懂事啊！”吴老师一再向我诉说他的懊悔。他初到大城市，画画挣得了工资便到处去玩，对一位同样来大芬学画的长沙女孩死缠烂打。女方家长嫌他残疾，他又追上门去，终于修成正果。两人结了婚，大张旗鼓地回到武冈的山中，在那里开班教画。可是在那样一个贫困的地方有谁会来学画呢？夫妻俩又回到大芬，这时女儿也已出生，现实生活使他们走出迷狂的热恋，于是问题出现了，吵架也没用，妻子只是坐在那里搓着手落泪。

后来，她娘家人来接走她，吴老师把小婴儿交给自己的老母亲养育，独自一人浑浑噩噩了一两年，钱赚了花，花了赚，成家时在大芬租的那两套临街的画室转租出去，又赚了些钱，外人以为他过得很是洒脱。

再后来，吴老师遇见一名岳阳女子，就是他现在的妻子。她姓周，小他一岁，在私立学校教声乐。那时还有别人追求她，但她偏爱吴老师。两人租了婚纱和礼服，去照

相馆拍了张结婚照，就算完婚。周此前在另一段失败的婚姻里也生了一个女儿，后又与吴老师生下一个女儿，再加上吴老师前妻的女儿，一大家子人住在一起。

吴老师前妻的女儿十三岁，长得像他，性格有些沉闷，虽不擅长读书，但做事干净利索。周的大女儿已成年，在外省上大学，并常回她生父家。周与吴老师的小女儿能说会道，很是乖巧，可是被惯得娇滴滴的，小小年纪却对姐姐颐指气使。周担心吴老师前妻的女儿思念生母，便带她回了趟她亲外婆在长沙的家。吴老师的前妻一直单身，偶尔打些零工，见到亲生女儿却不闻不问，不愿出抚养费，只叫她以后再也别来了。

人呵，真是有太多的无可奈何。

周的侄子比我女儿小一岁，长得和他姑姑很像，住在吴老师的画室里并跟他学画已有两年。他不常和他们夫妻俩说话，却和租住在这里的一位番禺男孩很要好，两人有说不完的话。这位侄子能做一手好菜，每到周末便掏钱买鱼买肉来红烧，等姑姑从学校回来一起吃。侄子小周是家中独子，可几年前遭遇大变故，他家在街边经营家具店，一天他母亲坐在店堂，无端端地一辆小车错把油门当刹车踩，冲破门槛而入，将他母亲当场轧死。没过一年，他父

亲再娶，抛下了已成年的小周。幸好还有爷爷奶奶为小周紧握着那笔赔偿金和房产。

小周在这里学了两年多，居然连一幅完整的欧式风景画也无法独立完成，吴老师夫妻俩怨侄子没用，周那当姑姑的更是想赶他走。于是吴老师在画街租了一间小铺，让他去独立，小周无奈，伤心地哭着去了。

一到那儿，小周便又活泛起来，结交了好些年轻男女，并照他自己喜欢的风格画了几幅西北的田园山水画，挂于墙上等客来访。他的爷爷奶奶用退休金暂时支援他。两个月后，小周接到了第一份订单——一幅长四米、宽三米的横幅巨画。吴老师闻讯，笑得脸上开花，赶忙去帮内侄量裁画布。画布有几公斤重，裁下来不可折叠，一折就会出现凸起的痕迹，使画面失调，所以只能卷成筒状抬回来。

这是一位年轻且有新思路的画商下的订单，取国画的立意，却要求画成油画，色彩需是似梦非真、古今交融的，老画派或单一画派的画家很难驾驭。而吴老师的内侄二十七八岁，思维活跃，他并没有继承吴老师的风格，而且和我一样不认同吴老师对色彩的运用。小周对国画情有独钟，但国画已然固化的风格日渐失去市场，好些功底深

厚的国画画家都生意惨淡。

小周要画这么大幅的画，得先在画村里找空地，勾出主景定位点，再粗略勾勒出山林房舍、天空河流的全景。由于交画日期的限制，没有时间阴晾一层层颜色，所以作画全程使用边画边干的丙烯颜料。吴老师毕竟有着十几年的功底，他把重要的区域快速画完，再由侄子按画商的要求润笔，完成最后两道工序，姑爹和侄子赶了几天几夜终于完工。

之前我也学过用丙烯颜料作画，但是油画颜料更柔和，我喜欢画细致的景，便放弃了丙烯颜料，专用油画颜料，这是题外话。

自打我忙于学画，和李晶晶只有在晚上十点后回租房才见得上面。她个头大，天气又热，每回躺得四仰八叉的，把小床占去一大半，挡在电风扇前，我靠着墙角缩起身子才勉强睡下。她每晚和家人视频通话，说她正和留过学的大画家一起画欧洲风景画，工资很高，很快就要有钱了。她的丈夫眉开眼笑，她的小儿子迫切地要求她买这买那，她一一答应，她的婆婆也在一旁放声大笑。

一天中午，我在吴老师的画室里，有两个人上门来招服务员，问："这里有人去吗？"我问："像我这么老的要

吗?”他们说要。我便按来者给的地址找过去，那地方就在马路的另一边，离之前我和晶晶应聘画商品画的那栋楼不远。有人把一家已撤走的画场的底层重新装修，改造成宾馆，房间服务员包吃，每月两千六百元工资。前台让我第二天来上班，时间是每天上午九点到下午六点。我心想，这样仍能赶早赶晚地学画。吴老师也为我高兴，说这样可以持续学习下去。

宾馆食堂的三餐很丰盛，有猪排、牛排、鲜汤，每天变换花样。我自己匆匆吃完，再打包一盒饭、一盒菜，送回去给李晶晶吃，免得她挨饿，这回她说好吃，说还是正经厨师做的菜合她的口味。

宾馆刚刚开业，没有客源，一群大大小小的合资老板个个称“总”，大多是从湖南、湖北来的。我们这几个服务员都四五十岁了，其中两名广东本地人都来自河源。有一位叫阿美的来此多年，早在画村旁买了房子。她原本在一家较远的宾馆做服务员，月薪三千五百元，而这家新开业的宾馆离家近，正愁招不到人，答应让她当领班，还有奖金，于是她没等谈定工资就来了。可来了后再想谈工资，那些“老总”却只说“再说吧，再说吧”。

此外，还有一位男服务员，负责干搬送货品等体力

活。他姓贺，大我三岁，来自山东，会画一点国画，但只是三脚猫功夫。他过去一直生活在北方，离婚后办了病退来深圳，念叨着要是能把户口迁过来就好了，那样可以按照南方的标准涨工资。他有点口若悬河，自称会算命，多次问我几年几月出生，我推说不记得了。我想：你能算命，岂知我能改命？他对我充满热情，有一天见我站在过道，从大老远奔拥而来，我一闪身，穿过另一个房间走了。他自知白费了许多唇舌，便变得规矩起来——这样才好嘛！

客房部的经理是湖南衡山人，不到四十岁，眼睛很亮，但脸小，人小，身高约一米五七。他十几岁出来打工时，深圳正飞速发展，他当服务生，在一场比赛中赢得了铺床单的冠军，那是他人生中的辉煌时刻，因此每天上午、中午、下午要对我们这五个老家伙说上几遍。

二〇一八年初夏，深圳正值经济不景气的时候，没有客源，可每天六点下班后，经理留下我背诵准则，又练习铺床单一百遍，到晚上八点仍不让走人，变相地折腾员工。我来深圳是为了画画，而不是拿着远低于我老家水平的工资，还要受意志的折磨——这不是“开倒车”吗？于是我谎称去洗手间，便直接离开了，第二天更是到点就

下班。

到了第三天，他非常客气地叫我去办公室，让我脱下工服然后走人，并趾高气扬地看着我，大概是想看我被他高调开除后痛苦、错愕的样子。我就等他这句话，于是释然一笑，问他剩下的工资怎么支付，他答应待发工资时打进我的银行卡。我一再对他表示感谢，离开宾馆，在此一个月零几天。

6

河源的雨

没有工作本无关紧要，可是我非常失落，心里难受得像得了重病似的，因为我真的需要钱来维持生活。

李晶晶仍悠然自得，晚睡早起，从“皮包公司”回来，又去街上找人大吹特吹一通。可我不能这样，我得释放坏心情，于是又想起寄居在河源的北京人伍振华。他一直劝我跟他一起料理孩子们的团队，但我得先把自己的家弄平静，还得挣钱还家里那还不完的债。但来深圳近两个月，也该去看他们了。他和孩子们多为北方人，不适应南方水土，初来时得了湿疹，奇痒无比，还掉皮屑，吃了很多药都无效。他把这事告诉我，我说这个简单，去买纯的山茶籽油，土法榨出来的更好，每天涂抹数回，炒菜也用它。他手头正好有农民送的茶油，原本还不爱吃呢，打开来用上，一大伙人全都几天内毛病祛除。

说走就走，而且不通知他，只在微信上问他："河源的雨下得大吗？南方炎热的盛夏，怎么阴雨绵绵，仿若江南的春天？"其实我心情糟透了，想说些零乱的话排解心绪，可惜他买了一屋子的书却并不读书，压根不知我在说什么，反问我是否已离开深圳回家去。

没有礼物，只好把我的画带给孩子们。到了那座小镇，我才打电话请伍老师来接我。就这样，又来到河源。

我一来便教孩子们画了两天画。那天下午，伍振华来了，指责了一通我画得不好，不符合古道，说我在浪费时间和精力。我问他："那么你认为该如何？"他又说不上来，脸一沉走了。我瞬间想起在双溪时他和林正碌的相见，林老师说话也爱颠三倒四，认真地反对很多事，有时甚至为反对而反对，谁知他伍振华也差不多，那温和地微笑着的表皮下，极度的固执一下子露出头来。

我的心情更坏了，决定明天就走。此前去深圳时，担心无落脚之地，因此将行李箱寄存于此，留一条回头路，明天也一并带走，就此了断。

可就当我黄昏独自在院子一隅发呆时，房东许老板走过来，说过两天有个团队从梅州市来，要去游览名山胜水，届时请我同去。我一听，一下午的坏心情瞬间烟消云

散，游历是我最喜爱的事情之一，它能让我释放一切。这么多年我仍对他心怀感谢，他所经历的沧桑使他足以看透所有，我那时的不快他心知肚明。

于是我快乐地留下来，每天很早就起来，去村子四周转悠，看那些竹林、田地。那里的乡民们很多还饲养大水牛，清早带牛去田间，田多路远，回程时，一大捧青菜、杂草让牛驮回。这里离湖南、江西很近，然而农民并不富裕，村里保留了大片冬暖夏凉的夯土老房，与新盖的高楼交杂在一起，但无论新旧，到处都是房子多于人口。

中午太热，我便在房里歇凉、读书，也和蒙老师聊天。蒙老师是云南人，三十五六岁，跟伍老师同行已有四年，他们是怎么认识的我已忘记，只知道他照顾孩子们从没拿过一分钱。

我对他说："这方天空来得如此沉闷呀！"

蒙老师说："是呵，仿佛人就是抬不起脚迈步，好像被杠子压迫住似的。你一来就感觉到了呵！"

我说："太佩服你了，这么多年跟没事似的过来了。"其实我想说"你这么大岁数了不成个家吗"，没说出口。

过了几天，来了三位年轻女人：梁老师带着一个女儿；张霞带着两个女儿；索菲艳安静温雅，年近四十却仍

单身。这一行人在这个枯燥的夏日如星光般照亮了我。

我和索聊天，得知她是惠州人，家境富裕。索三十五岁时结婚，大约过了一年，一名女子三天两头地打电话来叫男人回去，原来是丈夫的前女友。丈夫一再解释，索菲艳虽然知道他是好男人，但忍受不了骚扰，还是离了婚。男人无奈，只好回到那女人身边，却痛苦不堪。索得知后，后悔放弃这段婚姻。我于是劝她："下次有机会时，你一定抓住啊！这年头，不要在乎钱，不要在乎年龄，只要真诚就结伴生活到老。"她连连点头，不知是否又想起前夫了。

来年春天，索菲艳在微信里告诉我，她又找到了姻缘，蒙老师这人真好。我半天才醒悟，她和蒙老师在一起了。难怪我回深圳后不久蒙老师也离开了河源，原来是他和她撞出了闪电。他小她四岁，来自穷而偏远之地，可两人就这么完美无缺地走到了一起。

三名年轻女人周五来，周六下午带孩子回去。黄昏，房东许老板的太太来通知我晚上出门，叫我带套换洗用的衣服。我喜形于色，像兔子似的踮着脚尖走路。伍振华老师也和许老板夫妇同去，但他开自己的车。我坐在伍老师车的后座，到了半途，他又开始对我画画的事说三道

四，却又没说出什么名堂。和他扯不清楚，大芬村当时已是世界闻名的油画村，中国从顶尖到普通的画家，在这里的有七八万人之多，他们都是我的老师，我心中自然有数。分歧太大可以不做朋友，我从来不做委曲求全之事，何况他那里并没有值得我求全的东西。

到东兴，车停下，许老板的一位朋友正在赶来的途中。足足半小时后，又来了一辆车，下来一位很有风度的中年男人，他是李海州，我们一起去参观梅州的临终关怀场所。

梅州是岭南重要的客家人聚居地。这里虽离海岸还很远，但也已无比远离中原。梅州的特别之处在于，一千多年前用于族居的高大宽敞的四合院，即使残垣断壁沧桑尽，也要保留和维护，因为那里住着祖先们漂泊的游魂和人们的前世。同样，有很多年轮多达数千圈的巨树也不能砍伐，因为那是先人们的根脉。在村子的某个角落，你会惊奇地与一片一两百年前的老屋相遇。这些房屋孤独终老，寂寞残败，多是鸦片战争前后外出谋生并再也没有回到故土的先人曾经的住处。房屋一直被保留，以备有活过两百岁的人回来找家。

这里有一个习俗，逝去的人都安葬在祖坟场，一个家

族同住一座冥房，不是入土，而是寄存。在火葬实行前，骨殖在三年后被挖出，取下骨头，用厚实的陶坛封存，集中安放于村落闹市的棚下，与活着的人们生死相安。

即使早已在岭南繁衍生息千百年，客家人的灵魂仍向北皈依。他们认为肉体的死亡与腐败在所难免，那么把灵魂提前打捞出来，让其归附于崇高与神圣才至关重要，这是临终关怀场所建立的初衷。

这里与北方一些城市的临终关怀场所在思想上有所不同。在北方的一些大城市，人死后压根无处安葬，许多平民买不起墓地，一把骨灰往树根下一撒，生命如风吹过。因此，临终关怀关注的是放下内心的恐惧。而在南方，比如在兴宁的这处临终关怀场所，全国各地陆续有人来此迎接生命的终点，它的主旨是让灵魂得到收藏与保存，躯壳没了但精神永恒，指不定哪天还能与逝者说上话。

这片占地面积达万余平方米的临终关怀场所伙食以素食为主，吃的菜大多由附近的乡民们免费送来，一送就是一大车，许老板种的有机蔬菜也有很多送到这里。除了有家属陪护的临终者，还有很多孤寡病残、无依无靠的人，被安置于有多张床位的大房间。这是一处免费机构，水电费、设备、房舍全由个人及慈善机构捐助。以前，服务工

作由一些出家的僧尼打理，他们主要负责打扫地面、换洗床品、喂水喂饭，让来这里度过最后时光的人感受安详与宁静，让他们感到死是另一种快乐，是与所有痛苦的诀别，是灵魂脱离破败的血肉、进入神圣的永恒的过程。临终者非常平静，脸色没有惨灰和阴翳，如同缓缓地羽化。

在近二十年的时光里，很多身患离奇病症却贫穷且家庭关系破裂的无归人，出于因缘际会被送到这里，在等死的过程中却等来了康复，可心已死，魂已静，又无家可归或有家不愿归，陆续有十几个这样的人留了下来，为别人服务。

从这里出来时，已近晚上九点，李海州极力邀请许老板去参观他老家所在的村庄，因为他被从深圳请回村里当村委书记。于是一行人赶往黄陂镇，车过五华县城，许太太下车去见她的密友，李海州的另两位朋友驾车等在路边，大家又上车前行，到黄陂时已近午夜。李海州家老宅的楼上房间众多，供大家住下。

次日一早，我便去村里闲逛。村子真大啊，比我家沙柳街道附近七八个自然村加起来还要大！我在村子一角遇见一个女人，她瞪着死鱼般的眼睛盯着我，我向她打招呼，她没好气地说：“骗子，走开！”人都害怕陌生人，我

很识趣地走开。又到了一座古宅，我进去细看，不料那户人家已到中年的儿子是个精神病患者。他眼睛直勾勾地盯着我，向我扑过来，吓得我拼命逃窜，却迷了路，没过两分钟又打另一扇门跑进那院子。那男子又跳又叫，两手乱抓，口里嚷着："女人！女人！"我顿时觉得自己也快吓成失心疯，胡乱跳进一个房间，反锁上门，又打另一侧的缝隙逃出，仿佛来了一次《聊斋志异》里的穿墙术。

整座村子大得没边，道路又七拐八折。我跑到一片宽阔的田野上，远远看见李海州家的房子，才松了口气。我见伍振华老师也在小路上走，便拐上另一条路，去别人种的桂圆树下玩了一阵，好让他先回李家。这是因为在河源，有几个大孩子告诉我，伍老师对他们说我很喜欢他，我大抵知道他心里的方寸了，不想再招人误会。

早饭后，李海州带我们去参观他家祖宅。那是一大片古四合院聚集区，中国第一代足球王的旧居就在这里，他十来岁时被父亲接回香港，李海州是这位球王的侄孙。我们参观时，一大批工匠正在这里修葺老屋。

接下来，我们又花了大半天的时间，匆匆游览村中的一部分景观。生活在这里的大多是客家人，一二百年前乃至明末保留下来的幽深宅邸的残垣断壁散布在村中，古水

井和旧池塘至今仍被使用，还有清朝时城堡似的青砖大四合院、民国官僚住过的白灰长楼……存放先人骨殖的陶坛簇拥着摆放在村中间大路旁的房荫下，各户人家的新楼随意地矗立，反正大家都姓李，谁也碍不着谁。这座巨大的村庄简直就像一座陈列有些杂乱的博物馆。

五十岁的李海州有一位一百零五岁的奶奶，她住在东边的一间厢房里，仍然思维清晰，能自主活动，中午独自坐门槛边晒太阳，这是她多年的习惯。我头一次见到超过百岁的老人，我父亲如果还在世，也是她这个年纪。我坐到她身边，她让我帮她剪指甲，她说的方言我竟能轻松听懂，这让我非常惊讶。我打娘胎里出来就听、说的新化方言和五华的客家话如此相似！客家人南迁千百年，与新化人相隔几千里，漫长的时光流逝，彼此却说着相似的乡音，新化人原来是客家人！

下午，我们随李海州去五华县城见他在商圈的朋友们，众人去一家特色素食楼吃晚饭，各种没见过的小吃既精致又美味。散宴后，我们开车去曹溪。近夜里十点，到达曹溪接待区，许老板的太太和另外几位朋友已候在此。至此，出河源时的四人小队一路如风滚草似的，到达曹溪时队友已有十几个人。我们入住旅馆，次日再游。

曹溪是六祖禅师惠能的修行地，他的真身坐像仍完好地保存在南华寺，眸子里闪烁着平静的光辉，照亮往来的平凡世人。我读过很多关于六祖的文字，却从来不知他的修行地具体在哪里，今天能以这样的方式目睹圣迹，实乃三生有幸。

前人留下的人生智慧让进取的后人不至于陷入精神上的穷乏。

景区内林荫蔽日，古木参天。我看见几棵树下落了很多大杧果，抬头第一次见到杧果树的样子，便捡了七八个青的、黄的大果，手里捧不下，抬头四顾，见伍老师自顾自地开车往旅馆的方向走了，对我视而不见。这中间有很长一段路，烈日炎炎，路越发难走，到处是陌生人。恰巧李海州走来，见我捧着果，哈哈一笑道："这是野果，你不识呵！不好吃的，走吧！"我搭他的车回旅馆，下车时，我拿出记事本，请他留电话和地址，认真对他说：

"李书记，我希望有机会再见到你的奶奶。"

"好的好的。"李海州很爽快地答应了。他为人直爽且诚恳，字也写得相当漂亮，后来我才知道他练了几十年书法。

许老板他们还要留下来和另外几位企业老板交流，伍

老师已来这里好几次，急于回去，我见风使舵地请他带我回河源。许老板的另一位朋友第二天要上班，也得赶回去，便搭伍老师的顺风车，这下更好，以免我与他独处而尴尬。

回程时一路上没人说话，车内安静得只闻窗外的风声。

第二天我便赶去深圳，行李箱仍留在他们那儿，我和李晶晶租住的房间实在太小，一寸多余的地也没有。见到李晶晶，她问我这七八天去了哪，怎么不和她说一声，我只淡淡地告诉她去见朋友。她脸色很差，这回见到我竟然没有吹嘘什么故事。

原来，她跟着那个海归老男人画了一个多月，不但一分钱也没拿到，而且那人还叫她返还画板的费用。李晶晶当然不会给，她也没多余的钱。同在那里画画的老宋和老唐各得了六七千元，这是我后来在画街见到他们时问到的。那个“兔唇”男孩不堪零敲碎榨，早就走了。

我一再劝李晶晶踏实为人，不要光嘴上努力却不行动。她这人虽然善良，但没有方向。我去河源时没告诉她，她吃不上现成的饭菜，便天天吃各种爱吃的零食，钱一下子就用光了，才壮着胆问那“皮包公司”的老男人讨

薪。那“皮包公司”的老板原以为开画场能赚很多钱，发现没出路，便提前跑路，也算有良心，留了点钱，付了老宋和老唐的工资，而那海归老男人把几个月来唯一的订单画完，也赶在房子租约到期前走了。李晶晶本就不会画画，每天睡到近中午才去那里，不动手，光闲聊，下午早早地去街上玩，没钱了就问丈夫要，可家里还等着她领到商品画订单的大笔报酬哪！如今她对家里说自己受骗，于是争吵开始了。

我回深圳时，她丈夫的电话关机已有几天，她再也没心思逗留，去找在深圳的老乡，后来我才知道她是去借路费。她瞒着我，向房东舒友文老师交了下一个月的三百元房租，自称回家看看孩子再来。很久后我想到，她这三百元房租其实是在回馈我给她送的那一个月饭菜。

李晶晶回到安徽约一个月，发照片给我，她的脸上、手上、身上被丈夫打得青一片、紫一片。她说准备离婚，又说多年以前有个男孩追求她，她离了婚便去找人家。我问她，这么多年过去，那男孩还在等她吗？不久后，夫妻俩又和好。过了两年，她又在微信里发照片告诉我，她那年就去了早餐店打工，此时家里盖了新房，孩子也长大了。我由衷地祝福她。

7
曲散旧人归

李晶晶走后，我只要操心自己的一日三餐，没必要天天买菜，便在附近走走玩玩。但是这座城市是那么拥挤，没有多少空地，除了无尽的高楼，还是高楼，走过这条马路，还是这样的马路，让我生出寂寞、凉薄的感觉。

在深圳最不缺的或许是家具，搬家的人往往在深夜将一堆完好的桌子、沙发、床、衣物或画扔在街旁，早起打扫街道的人又辛辛苦苦地把那些东西搬到垃圾站。由此衍生出了一个旧货市场，就在大农贸市场旁的坡街上。市场所在地从前是一座山，后来像开梯田似的将一层又一层坡阶修建成一条又一条街道，直达山顶。这座山上从前是大芬村农民的果林，大芬以东近海岸的一座村庄就是深圳最早被开发的渔村。

吴老师楼上楼下的两套画室属于同一位房东，房东

在这一带拥有两栋高楼，这辈子仅房租就花销不尽了，他有三个儿子和一个女儿。那天，一名四十来岁的黑瘦女子送图来让吴老师画，他告诉我，她是房东的女儿，家里砸钱送她出国留学，回来后三十岁出头，找了一个偏远农村出身的农民，那人大她十来岁，有妻子和三个儿女，这可把她的父母气坏了。她和这个男人在大芬村后山梁上租了片厂房，做画框生意。她的父母、兄弟合力将那男人赶走，但那男人二十岁左右就来到深圳，在此打拼二十几年，早已以此地为家，又能赶到哪去？过了两年，她把他找回来，继续做画框，生意依然很好。房东与女儿断绝关系，父女俩上法庭分割家产。她仍生活在大芬村，没有生孩子，和那男人一家过日子。吴老师叹了一口气，说："唉，她家这么有钱，却也过得一地鸡毛。人啊，想明白才好。"后一句话是他的自我安慰，也是说给我听的。

吴老师隔壁的画室里是一位男画师，每天很晚才来，牵一条白毛狗，狗颈上套个长喇叭。我很好奇，狗嘴吃不到饭可怎么办，吴老师说这是为了防止它咬人。楼上一位租客的父亲几个月前来看儿子，挨这条狗咬了，上周又来，又挨它咬。租客找到狗主人，说："你的狗怎么老是咬我爹？"这个画画的男人理直气壮地答道："它怎么不咬

别人，就专等着咬你爹呢？说明他得罪的人太多！”租客气得报了警，狗主人把狗藏起来，又要赖称没钱赔偿。这个人画画得不怎么好，接不到多少订单，租客只得先自掏腰包，带父亲去打狂犬疫苗，又花了两千多元钱治疗。待那父子俩回老家，这个男人又每天牵着狗来画画，出门时给狗戴上“喇叭”，回去又摘掉。这是深圳的宽容之处，容得下一条一再犯错的狗。

李晶晶回家约一个月后，李海州打来电话，问我可不可以去照看他的奶奶，我正陷入困境，二话没说便答应了。

我来深圳后，除了在酒店上了一个多月班，用那点工资支撑了两个月的开销，其余的钱都是找我女儿要的。这怎么行？她才工作不久，钱不多，又要租房，又要吃饭，又要交友，我岂忍心把她压垮！于是，我和舒友文、吴老师说有事，便出了门。李海州让他的侄子到油画村接我，全程走高速，下午便到达黄陂镇。

李家的房子朝南稍偏东，他和几个弟弟全在深圳买了房，这位侄子是他大哥的儿子，楼房就建在不远处。他的奶奶甄氏十几岁时从对面山坡下的另一座村庄嫁到这里，住在祖祠旁的洼地，和公婆姑嫂共挤两间小屋，想分家

却没房。甄氏非常有眼光，看中了这片南北狭长的“扁担地”。那时，她娘家有些势力，父亲和大哥在马六甲海峡经商，家里还有几个兄弟耕种一片土地和一座荔枝园，算得上殷实人家。这片“扁担地”贫瘠，洼地肥沃，她以夫妻名下的肥田换瘦地，众人都乐意换。她愿吃亏，肯以多换少，或背地里补贴“钉子户”银钱，就这样得到了一整片近三亩的地，前场圃，后菜地，两头果园，中间建了六间大瓦房。她的眼光与魄力守护了三代人。

李海州的爷爷是村里有名的木匠，仗义疏财，有一帮木匠弟兄，他挣来的钱都拿去救急，而自己的五个女儿和两个儿子在那个战乱年代常常吃了上顿没下顿。他的奶奶忍无可忍，经常数落他爷爷不顾家，夫妻俩吵架度日。李海州很小的时候，爷爷奶奶就分开住了，几十年在同一屋檐下，却老死不相往来。他打小在爷爷的小木床上睡大，爷孙俩感情很深，也很爱他的奶奶。他受爷爷的影响至深，小学三年级的夏天，他带爷爷种的西瓜去学校，切开卖掉，换点零用钱，也会省出一两角钱来给同桌买作业本和铅笔。

李海州的父亲是个老实本分的人，很不受他奶奶待见。他的叔叔进了部队，转业后在梅州市工作，婶婶和

堂兄妹也跟了过去，家里全靠他那能干且明事理的母亲操持。他的奶奶一百多岁高龄，性格乖戾，过去常和他母亲吵架。李海州的母亲在深圳带大自己的一群孩子，多年后因脑出血回家休养。李海州的奶奶不但不怜恤，还怪她扔下自己多年不顾，对着只剩一口气的李母骂了半天，病人没过多久就去世了。李海州的兄弟姐妹很爱为他们付出一生的母亲，所有人伤心痛哭，只有奶奶像没事人似的。于是，李家的后辈认为甄氏为老不尊，认为是她在地狱的门口推了李母一把，所以愈发对她怨恨不已，祖孙之间的矛盾更深。

这次，老祖母摔断了腿骨，谁也不愿照料。村里的人也不愿意，因为怕挨她的骂，他们有些迷信，认为被百岁老人骂是不吉利的。李家担心不熟悉的人靠不住，于是李海州想起我上个月说愿意再见到他的奶奶，便请我去看护她。

一个生活不能自理的老人，我独自一人照料不过来，李海州的大嫂和我一起。这是我第二次来李家，上次给她剪过指甲，她记忆力不错，觉得我似曾相识，加上腿疼得厉害，没有像传闻中那样对陌生人生气，倒是用客家话向我诉说了好些事，我没仔细听，给她按摩，让她的筋骨

舒缓下来，一小时后她就睡着了。几天后，老人照着她家的小辈那样称我为“阿姨”，大家松了一口气。

起初，她非常惊讶地发现自己起不来了，因此情绪暴躁，要去屋外。我用轮椅推着她来到门外，她做了许多尝试，想下地走路，发现腿再也无力抬起，还疼得厉害，伤感地摇头，要求回屋内。她出了两次门，便不再提这事。

她躺在前屋，可以见她当年亲自建的场圃和荔枝园，尽管它们早已不复存在，成了公用停车坪、池塘及瓜棚架，但记忆不会被抹去。很快，她又不愿意待在前屋，坚持要去她住了一生一世的后厅房。在炎热的岭南梅州农村，后屋更加凉爽宜人。

她说的客家话听起来就像我无比熟悉的新化方言。她对我说：“有么果呷？”意思是想吃甜的零食。她对我说：“麻嘎吐槽？”意思是她饿了，要吃软米饭。

喂药时，我得扶她半躺，一勺一勺地喂，她艰难地配合我，每一个小小的动作都让她痛得难以忍受，可她仍坚持把药喝下。

“嗯咧。”她一摆手，意思是不要了。

如此吃睡不宁，痛不堪言，她瘦得皮包骨头。在第四十九天，她去世了。我想，如果当年她有机会参加革

命战争，以她的头脑和毅力，会创下多么惊天动地的事迹啊！

李家认可我这些天的陪护，给我九千元外加一个红包，合一万元出头，这下解决了我目前所有的困境。我回深圳继续学习，观摩别人的画，再自己练习。

吴老师曾经答应我，可以在他家墙角画很久很久。可才几个月，他妻子便不高兴了，东拉西扯地说我怎么还没学成。我知道她是想让我走，再另招一个学生，好赚更多学费。

这半年来，我在画街上结识了好些小朋友。我五十几岁才开始学画，而他们都是二三十岁的年轻人，就已租画室卖画。认识久了，大家理解了我，也很尊重我。吴老师画室角落的灯光太暗，于是我基本上每天晚上都出来看别人画画，向他们请教，大家也不吝赐教。

之前，李晶晶的寒石老师的画室在村西北面靠近时代广场画区的地方。沿着那条街向南走，近洪、邬二氏祖祠的西端交点，有一小面档。所谓“档”，就像街边的夜宵摊点，一面靠墙，宽两米，适合给刚开始创业的年轻人用作微型门店。这是江西人邵晓奎租的，月租六百元。之所以便宜，是因为他的这家小店沿街，白天当晒，雨天当

淋，变天时还冷，巷子里的风很劲。

邵晓奎九零年生，两岁时在床上玩打火机，蚊帐、被子起火，烧毁了容，虽然伤得不重，但因家境不好，父母对他的伤势也没有太上心，所以他留下了满身薄薄的疤痕，且骨瘦如柴，不过整体看上去并不太丑。他还有一个哥哥，自打他烧伤，父母便把希望寄托在漂亮哥哥的身上。

十三四岁时，没读完初中的邵晓奎被父母带到深圳玩，他们租的房子就在油画村旁的那条街上。这孩子熟悉环境后，跑来画村玩，见别人画画，他也要画。他的父母考虑到他外表难看，打工恐没人要，便为他找了老师。十几年前，画村的生意好到人腿软，学画不要钱，稍学几手便可上阵挣钱。晓奎深得大家怜惜，不仅老师免费教他，师哥师姐们也都来帮他，生怕他将来没有工作，活不下去。晓奎也聪明，一年后便能独立挣钱了。但画画是件很辛苦的事，他体弱多病，因此父母把他带回江西，在县城开绘画班，他开了几年却惨淡收场，二十五岁时回到深圳大芬。

虽然大芬的画市已远不比当年，但他的功底还在，租家小店接订单，每月也有近万元的收入。可这时，他那被

父母溺爱长大的哥哥，三十几岁且有妻儿，却不工作，成天喝酒、赌博，没钱了父母就叫晓奎多多画画，把他的血汗钱榨光，仿佛这个小儿子只是个挣钱的工具。他没有要好的朋友，家里、画室“两点一线”，屡屡伤心而寂寞地坐在画摊前发呆。

起初是李晶晶带我认识了晓奎，后来晶晶回家，我仍常去他那儿。

晓奎画室的左上方挂了一幅睡莲图：小池塘里有几片莲叶，衬着两三朵已开、欲开或仍含苞的莲花，一簇缥缈的水藻，其间有几条游鱼。看似十分简单，其实颇有水平。画面上是各种绿色：蓝绿的水、橄榄绿的老叶、翠色的碧叶、鹅黄绿的新叶、灰青绿的远景、鸭绿的水底、墨绿的鱼，水中的石也是暗紫带绿。所有这些相似的颜色，如果技艺不精，只能囫囵画得糊作一团，可邵晓奎的画层次分明，过渡和谐，十分养眼。

我曾想临摹他这幅画，可那时恰好在尝试把黄公望的两幅作品画成油画，我本就不到半壶水，却又心高，吴老师看着我有些来气，说我是“瞎子钻进死胡同”。后来，我又去问房东舒友文，舒老师说能画到六分像就非常不错了，并具体地指导我，远景要画虚，要若隐若现，要欲说

还休，近景则要仔细地画清楚。我不懂，舒老师便亲手示范。次年，我在官庄画《清明上河图》，有点懂了这个道理，但仍要反复修改。再后来，才逐渐熟练。

小时候画荷叶、荷花，觉得再简单不过，我画了幅荷叶、荷花的底图拿去请教邵晓奎，才知不容易。描绘一片叶子、一瓣荷花，先后要画五六个层次，反复涂抹、修改。

晓奎和我的孩子一般大，但他是我的老师，是他教会我画荷花、荷叶。

晶晶回安徽后，寒石老师也因种种家庭琐事，没有精力继续画画，退掉了小画室，一位江西女人和一位东北女人合伙租下她的店。东北这位姓倪，已经退休，美术专业毕业，曾在一家公司当设计师，现在和丈夫到南方来养老。另一位江西女人来自农村，非常勤奋，每天花十几小时站在那里画牡丹花，起初画得并不太像样，一个多月后就画得很好了。我去看她画画，和她聊天才知道，她要打工养孩子，工厂进入淡季时才来此拜师学艺，已坚持十几年。她说她吃过很多苦，但都熬过来了。她叫我“老姐”，我问她几岁，竟还比我大两岁，这给了我很大的信心。

我不想被吴老师的妻子挤对，也趁一位年轻人退场，

租下了他的小画位，离江西女人很近。那时，有画廊来找江西女人约画，承诺包销她画的牡丹花，我很为她高兴，并想着自己以后也要学会画牡丹。可从某天起，她突然不再来了。我去问东北倪姐，倪姐说她嫌画商出价太低，又回工厂上班去了。她临走时都没顾上和我说句话，大概认为画画没前途，因此无话可说吧。我又独自失落了好些日子。

江西女人走后，倪姐一人租下这间小店，让她的丈夫也来看店。她丈夫不过是妻子在哪家就在哪。他不会画画，但会雕刻，灵光一闪，在画框店不要的小木段上雕刻花草虫鱼，套在水笔头上，小孩子非常喜欢，年轻人也喜欢，路过便买，二十元一支，有时一天收入好几百元。倪姐见人就夸她丈夫，乐得一个月长胖十来斤。

我租下画位后不久，一个在另一条街上画画的男人劝我学点黑白山水画，他可以教。我去问周边的人，他们说这人在大芬街上好多年了，但他们各忙各的，不知具体情况，叫我自己去看看，我改天便去了。

他在街边拐角处的二楼租了一间由小廊改造而成的窄小画室，天天画很小幅的黑白山水画。我去时，他向我展示他的画，又讲解称，他的画的神奇之处在于一笔下来，

天空、山脉、河流就都有了。房间里没有挂画，只有一个婴儿的照片，洗了足有二十张，挂在墙上，他说那是他刚出生几个月的儿子。我问他家在哪里，他说不近，自己只是偶尔回去。接着，他叫我拜他为师，并且要收些学费，听着有些不着调了，我便推辞一番，从他那里退了出来。

我把这事告诉邵晓奎，晓奎叫我千万不要相信那个人。据说，那人曾经吹嘘自己卖画发财，骗了个在深圳做生意的外省女人，女人把自己的豪车给他开了一年多，还怀上了孩子，后来才识破真相，把汽车收回，她再也没来过。那个男人小我一岁，也已过半百，不懂装懂混到如今，往后他又如何生存呢?

深圳的秋天略有些降温，但仍很热，不过因为位于海边，气流通透，所有的树仍在缓慢长出新芽，且大多不会落叶。可在这时候，我突然生了病，浑身乏力，严重失眠，十几天也没见好。我已离家七八个月，莫非潜意识里得了思乡病? 于是我决定回趟家，回去前请一个刚从陕西来深圳的画家帮我守店，他爽快地答应了，并说我离开期间的租金由他付，等我回深圳他再另外找店。二十几天后我回来，这人却说他决定租下这店，不另找了，我舍不得这好地段，便与他合租。他画鲁迅等名人，画得惟妙惟肖，很

快就有几个年轻人主动来找他拜师学艺，他需要地方安置学生们，于是违背约定把我挤走。

我一时找不到其他合适的店，而且没有钱支撑下去，只好回到吴老师的画室。这回，他妻子说我是“千年老学徒”，“赶出门又回来了”。这当口，伍老师把我的行李箱寄到深圳，说他们一行人马上就要离开河源，准备向北游学。我明白，蒙老师的离开让他很不好受，可又能怎样呢？蒙老师跟着他做了几年义工，总该为自己着想一回，更何况天下没有不散的宴席。

我在深圳坚持学习到腊月才回台州。女儿又辛苦攒了一万多元钱，过年回来时悄悄给我，让我来年再去深圳开家小画室卖画。她说：“老了，不要辛苦打工了。”但我不敢赌，更不忍心拖累她。后来我没去深圳，把女儿的钱拿去还我丈夫这一年在家里欠下的新债。毫无办法，宿命如此，我丈夫这辈子找上我的使命就是讨债。

三·关山北渡

1
从前的年味

湖南人会在腊月里熏制腊鱼、腊肉准备过年，深圳的猪肉和牛肉都比台州的便宜。李晶晶走后，我又搬到靠外侧楼梯的小房间住了小半年。这间屋子是三角形的，有一扇大窗户，方便晾衣服，且有更大的墙面用来作画。这样一来，我没必要天天去吴老师的画室。每到周五，我都赶在他妻子从私立学校回来前跑回租房，为了不看她的脸色。在这里，我可以一天画十五六个小时也没人来管。这么大的窗，我在不锈钢的防盗格上晒了好多咸肉，这回才明白岭南人为什么不吃干货。此地靠海，秋冬温暖湿润且多雨，空气中水分多，肉永远也晒不干，很容易发霉。我只得用纸巾吸干它们的水分，再寄回台州，浙江比这里偏北，冬天稍干燥些。

过年时，我回到家，把这些没有渍出香味的肉晒干后

慢慢吃掉。如果好吃，我丈夫会吃，但这回不好吃。

在我儿时，母亲早在初冬便剁黍米，在水中沥渣后，让浆水沉淀，再晒干，得到米白色的淀粉。等到一个晴朗暖和的冬日，村里几名强壮的男子吆喝：“煮坨粉啰！”十几二十户人家便各扛两大捆干柴，大伙聚在布婆家的大场圃上，在临时搭的土灶上架起大铁锅。轮到谁家，谁就把早已溶化好的大桶淀粉浆提去，一勺一勺地倒入一个大漏瓢。做粉的男人一定得个高手长，摇动漏瓢，使淀粉浆滤进锅中的滚水，女人们负责把柴火添旺。粉条煮熟后，白花花地翻浮在滚水中，捞出来浸在凉水里，待其温度降到可以用手触摸，再捞出来，挂在晾衣服用的长竹竿上晒。冬天干燥，即使温度不高，到傍晚时分，粉条表面的水分基本已干，再晒几日便彻底干得一折就“嘎嘣”断开，即可存放起来。

我们这些小孩子高兴地叽叽喳喳，在一旁等待。每一锅粉条都有几块最后下锅的不成条状的粉疙瘩，被称作“猪眼”，这东西晒干后储存久了便硬得像石头似的，不好吃，因此当场放凉，分给我们解馋，又香、又滑、又甜，“咕噜”滑下喉咙。过年前，我们都等着吃一回。

下午一两点，各家都晒上了粉条，打粉的师傅便挨家

挨户收工钱，每斤一角钱，但大多数人家即使打了二三十斤，也只给一元或一元五角，有的甚至欠着。

到除夕前一两天，腊肉早已熏好。父亲杀了鸡，母亲拿出几斤干粉条，泡在一盆井水里，水是我从溪井里挑上来。自家田里收获的大白菜切成小方条，大年三十晚上和腊骨头一起炖上。大黑陶锅里，腊肉炖着白萝卜，家里的灶房、厢房都烧起大炭炉，外面雪下得再大，家中也是暖洋洋的一片。母亲又在小灶上用铁锅炸五香肉丸、豆腐油泡，剩下来的油加入整块七八斤重的水豆腐，在锅里随意划成小块，煮一大条草鱼，再加白辣椒，做成冻鱼汤。冬天是天然的冰箱，这些菜分开盛在上釉的陶钵里，吃到元宵节也一点都不变味。

大年三十，我们一家每人抱一大块喷香的腊肉，吃完再啃柴鸡的大鸡腿，再吃些油饼、糕点、金黄的薯片，都是母亲的手艺。吃饱喝足后小睡一会儿，到子时，新年来到，全家又起来放鞭炮，纳财接福。

我曾经那么那么幸福啊！母亲那么那么有才干啊！

可是一到春天，一切都变了，母亲开始抱怨，和父亲吵架，折腾我。年幼的我不明白他们为什么要争吵，争出个对错难道还能拿奖吗？争吵抵消了我所有快乐的记忆，

以至于在我成年后，无论哪一年，我将多于粉条的肉配以各种佐料，再加几根白菜条，仍不好吃。

我成年后，自己当家过年，所放的配菜、香料都比从前的多，可怎么都没有母亲做得好吃。于是我在年前另寻路径，自己腌了一桶开胃的酸菜，用它配八宝饭，可又干得上火，吃完后嘴唇起皮。

到了台州海边，我新的家乡，春天总在年前就已来临。枇杷花早已开了又谢，结出青的果实，田间的花苔成片支棱着，山林中的树叶迟迟才落一两片，翠绿从没褪去，接着米白的绿又在鞭炮声中油油地泛上，原野里更是碧离离，一片连一片。所以，春节期间，江南已是陌上青青，可自在踏春矣。

2
海面的弧线

我家西面是一大片南高北低的坡地。四百多年前，林氏祖从福建迁来，在这片山脚住下，在河边的冲积平地开垦种植。生活在六七十年代的那两代人响应国家的号召，多造田，多种粮食，大家齐心协力地铲除灌木、荒草，掏出碎石头，把地重整成梯段，又用大大小小的石头垒埂，筑出了一百多亩旱田。没有水，人们又在山脚下挖出一座小水库。水库筑坝时，请了外来的石匠修建，村里的年轻人跟着他们边学边做，水库筑好后，十几个人都成了石匠。这些人现在也已五六十岁，他们外出修海塘、砌路埂，成为手艺人。村里人说，新田开垦后，山上的狸猫和豺狗仍到村里来捉鸡鸭，后来不知何时没有了，山里的野生动物不见了。这片新田有好多通往山上的小路，这是因为，半山腰的陡坡上几十年前建了座茶园，需要筑路；冬春季节

人们挖竹笋需要有路；秋冬时人们上山砍柴也要有路。东边的山上种着一大片杨梅树，远看全是树，走进去却阡陌相通，小路像网似的隐于林下。

山里还隐藏着一条重要的石路，从我们那老村的东侧沿山脚而上，用大小不一的卵石和不规则的石块铺成，宽处达两米，它旧时是一条通往县城的大路。爬到一个垭口，东西两座山峰呈“个”字形相接，石路一拐便下了坡，从那里能看见城关所在的海游镇，它在我家南面，很近。凿穿山洞，修平直的马路后，这条石路便留给村子里的人上山用。春天，山里的野笋很甜，县城里的人们三五个搭伙来山上采笋，踏青游玩。

沿外侧的石路行至垭口，右拐走几百米，爬上一座小山峰，就又绕到了我家老村的后面。远远看去，那片梯田没有多大，屋子更小，小水库更是隐在山脚下的树荫里不可见。小山高约五百米，从这里朝东可以看见大海。有时恰逢涨潮，那遥远的天际，白浪如巨大的云墙向前滚涌。有时它是一片平静的蓝色，有时雾气与天齐平，白茫茫但见一道弧形灰线。巨大的弧线让我看清大地的球面。我无数次走到这里，回头看深海，因为如果去海边，反而只能看到滩涂和一些浑浊的浅水，那里全是农民的养殖塘，

每一片网围里都养着各种海货，如蛏、蚌、虾、大青蟹等。每涨一次潮，大海都或多或少地送来些小鱼虾给渔民们。我们镇上最远的一处海景位于花鼓岛，没有直达那里的班车。我曾经沿海堤和海边的村路，骑了六小时自行车到达那里。那是一座约半平方千米大的小岛，整座岛是一块天然巨石，从海泥中生长出来，呈浅红褐色，石背上有许多大大小小的坑，雨水藏驻其间，终年不干，农民们便舀坑里的水，浇灌种在一旁的叶菜和玉米。但现在，只有养海塘的人在这里种菜，因为海风强劲，台风更会掀翻房子，所以村庄位于离小岛很远的山脚下。我去那里时已是秋天，近中午，薄雾升起，烟水离离。我站在石上，终于看到远处的深海，海湾对岸是邻县宁海的山村和一座座山中果园。

我在岛上还捡到五元钱，可那儿前不着村后不着店，只偶尔见到一个养海人。我年轻时就想去看海，现在如愿住在海边，海潮每天早晚各一次涌入我家旁边的小河，却没想到第一次去看深海就因为没地方买吃的而饿了一顿。

海潮将来时，总是海风先到，秋天的海风格外冷。那时我四十六七岁，觉得自己还像年轻时那样，骑自行车往家飞奔。去时逆风，返回时顺风，车行得很快。我推车爬

上笔架山的巨坡，到达我们沙柳街道所在的盆地，海风已被隔在山屏之后，一下子暖和多了。

这座横亘于镇子东面的笔架山，阻隔了县城和我们的小镇。它像笔架般插向海岸，如半扇门替小镇挡住了海风。我们镇中间平，三面环山，像只缺口的木盆。这里原本只有被良田环绕的几条简单的街道，如今田地也被密集的楼房取代。人们离开海边或山上的村子，聚居在小镇里。人是群居动物，挤到一起为的是心里暖和。

笔架山风景秀美，虽离我家很近，但总披着一层天青色的薄霭，显得有几分神秘。有一年晚春，我到山脚下的小村，询问怎么爬上去。村子里的人告诉我："应该正月初五来，那时附近村子里的人们都上山玩，可以做伴，这会儿路太险，你别独自去。"又过了几年，我与新来的邻居结伴，骑电动车从笔架山的后岭上山。那是一条平坦的坡路，山中有好几座小石屋，有爱山、爱独处的老人在那里种菜养鸡。至于水源，夏天有山泉，冬天可以从山腰的泉眼抽水上来。那些屋子不大，里外打理得非常干净，随地捡些枯树枝就足够烧灶取暖，而且随时可回山下的家。

人们爬上山顶，为的仍是眺望深海，即使天天生活在海边，仍然愿在高处看它的千寻涌浪。我的邻居是土生

土长的本地人，比我小一岁，来自山下的姚家村，是我丈夫小姨丈的侄女。她年轻时嫁到宁波，离婚后带着儿子回来，在娘家的帮衬下买了我家隔壁的房子，和现任丈夫住在这里。她的后夫是个帅气的男人，每月挣够他自己的花销便不再干活，去打麻将，和朋友玩几天，没钱了再去挣点。这女人在厂里做衣服，她年少时学会了唱越曲，逢节或有人家中办酒席，人们会请她去唱戏。唉，有多少普通家庭的夫妻都是这么过日子的。

笔架山东边向海的一面，树木大多矮且干瘦，那是海风常年吹蚀造成的；而西边朝向镇子的这一面，树木葱茏。笔架山的西侧奇妙地裸露着几堵巨大的石崖绝壁，几处小泉从石间流下，在山脚下的小村边汇成一片水潭。我俩沿原路返回，公路从山腰向海边延伸，山坡上到处是白枇杷园。白枇杷是浙江省农业科学院于二十世纪八十年代末选育出来的，到二〇一〇年后才逐渐在这里推广。它通体白莹莹的，更早熟，个大，肉厚且香甜，入口即化，年年销往全国。

我在路上遇到一位曾经在帽子厂一起上班的女同事，她和我丈夫的堂姐夫有亲，因此我叫她表妹。她的娘家在这里，夫家就在旁边的小村，两口子感情很好。她比我

小十几岁，丈夫病了十来年后康复，借了一笔钱来养海塘。养海是个很辛苦的活，要穿蛙人的防水衣裤在烂泥里刨弄，养的海货若生病或太密集，都要靠技术来侍弄，即使养成，秋冬时节售价受制于行情，还得看运气。结果，她丈夫不到两年就把本钱亏光，又在家里玩。我这位同事独自挣钱养家多年，常常累到支撑不住，去卫生院挂一两瓶盐水，就又回厂里干活，不时气得哭上一回。可即使这样辛苦，她仍然对独生儿子无比娇惯，每回带儿子来厂里见我们，都一副骄傲的神态，我不由得担心将来她的儿子若"啃老"，她该如何度日。

我俩打了招呼，我的邻居也和她相熟，大家笑笑。这个地方山水秀丽，人们都非常善良。

我在县城的宾馆做服务员时，每年秋季各村的中学送学生团队来县里参加体育比赛，老师们就住在我工作的宾馆。有一位校长说，他们从木杓村来，我对这个村名感到好奇，他告诉我，木杓还有一片沙滩，是三门县的著名景点。于是我在空闲时坐车去那里游玩，途中转了两次短途车。我去得很早，那里本就是个偏远的乡村，生活节奏慢，快九点人们还没出门。海岸边的岩石光滑又怪兀，只有一小片沙滩。好不容易等到近十一点，潮水涨来，全是

泥浆似的黄沙水，远没有笔架山后的那片滩涂好看。但每逢节假日，本地人都全家出行，去那里玩一回。他们去得不如我早，全要买门票，而我去时，卖票人还在睡梦中。

二〇一五年，我家旁边这条小小的入海溪由政府出资设计，前后经五年时间，改造河滩，筑梯级坝，两岸栽花种树，建成了三千米长的自然景观公园。但风景再好，我也只是过客，过完年不久便去县城找工作。

3
不由你想

三门县是个很小的县，包括农村人口在内，只有三十来万人，而我娘家所在的新化县面积很大，人口更是达到一百一十多万。三门县的城关也很小，一条河流在县城门口入海，县城沿河两岸窄窄的平地而建。九十年代后期，县里推平了一大片滩涂，建成工业区，还在离花鼓岛不远处移山填海，建滨海新城。轰轰烈烈的大建设中，不少外省人到此谋生，小小的县城忽然人多得举袂成云。可光阴流逝，不到二十年，经济下滑，工厂生产的很多东西过剩，人们又回到他们自己的城市，这里县城的街道变得冷清。人们都怀念外地人涌来的日子，那时候什么都好卖，什么生意都好做。可现在，就连数量不多的本地人，也不知跑到哪去了。

工作很不好找，正月将尽时，我在县中医院所在的那

条街上找到一家正招煮面工的小面店。我进店询问，店里有一位女工，比我小几岁，是县城郊区人。一般情况下，如果员工要辞职，在招到新人并带着熟悉三天后，店里便给辞职者结款。接下来的三天，我和这位叫麻华的女人形影不离，由她教我所有的操作。

三门县有不少我认为不常见的姓氏，比如麻、邵、梅、章、仇等，他们有的在本地是大姓，这里基本上一村一姓，各有祠堂和族谱。麻华娘家的大姐二十年前花很少的钱买下了县郊的一块荒地，盖了几间小屋自己住，没想到后来获得巨额拆迁补偿款，并分到几套楼房。麻华那时十几岁，一直住姐姐家，所以姐姐有钱后，她总想着从姐姐那儿分一杯羹。她母亲去世早，姐姐养她到三十岁左右，直到她结婚。她的丈夫也住在郊区，家里有房子，姐姐又为她在娘家盖了房子。可婚后，麻华偏要丢开两边的房子，在城关租房住，一边怨姐姐不给她做生意的本钱，一边怪丈夫只会上班挣“死工资”，而她自己没有一份工作坚持超过三个月。她告诉我此次辞职的原因，她与这家面店的老板娘是朋友，可不料来这里上班竟被当作打工者对待。我问麻华接下来干什么，她说去工厂做衣服，工资比这里高多了。我“嗯”了一声，心想，有些人做衣服能月

入一万，可看干活的手艺便知你麻华绝对挣不到。

面店老板姓马，在镇上的私企上班，休息时才来店里帮忙，小店平时由他的老母亲和妻子两人操持。他们家在郊区的马湖村，女人姓汤，不到四十岁，她有个三十七岁的妹妹，就住在附近，只偶尔来。汤老板娘的妹妹高挑貌美，有一双儿女。她来县城打工时，与一个男人自由恋爱，不到二十岁便结婚生子。可婚后那男人暴露本性，好吃懒做，钱用完了就伸手向她要，不给就打。她看在孩子的分上，一忍就是十多年，后来得到另一位年轻人的同情和帮助，趁丈夫因诈骗坐牢离了婚，两个孩子由前婆婆抚养，她负担女儿的生活费。前夫出狱后四处找她，威胁要报复她，可她有新男友保护，两人跑到邻近的外市。后来，前夫找了个同样只吃不做的女人，两人成天躺在床上玩手机，这可苦了那男人的老母亲。于是，前婆婆又托人找小汤复婚，前夫也自称后悔，可小汤好不容易逃出火坑，难道还要回去找死吗？但新的烦恼又来了，当年帮助她离婚的男友似乎并没有认真地爱她，几年来从没有提出要结婚。所以，小汤每次来姐姐大汤这，两人都在商量给小汤介绍对象的事。

我在大汤这里工作了约两个月，月薪三千五，因为我

干活麻利，她喜欢。可有一天，一个四十岁出头的四川女人来店里询问是否还缺人手，大汤叫她第二天来试工。女人来了一天又一天，既怨店里不给员工提供早餐，又嫌中午的伙食不好吃。这女人凡事都让我做，她在一旁看着，面煮熟后怕锅烫手，用毛巾包着锅柄在灶台上拖拽。这且不说，当用餐高峰时段过去，小店空闲下来，她便将手机架在客桌上，大马金刀地坐下看连续剧，俨然一副老板的架势，把马老板夫妻俩气得眼冒青光。第三天仍是试用期，那女人一来，大汤就说不要人，打发她回去。她问大汤自己哪里做错了，并说给钱才能辞退她，两人吵了一架，大汤只好打发她一百五十元钱，这事便过去了。

又过了一个多月，夏天到了，店里生意有些好转。一天，一个三十六七岁的贵州女子来应聘，大汤又让她第二天来试工。我不知她葫芦里卖什么药，但这贵州女人手脚麻利，性格也好，年龄和大汤相仿，两人很投缘。第二天下午，大汤交代我，准备留下这个新手，她年轻漂亮，能招徕客人。我这才明白，大汤嫌我太老啦！第三天早晨，大汤去市场买菜，我对贵州女人说："好了，你年轻能干，这里没我的份了，下午大汤肯定就结款让我走人了。"我非常失落，但无可奈何。这么小的县城，经济又不景气，下

一份活去哪找呢？贵州女人这才明白大汤招她就为裁掉我，便马上叫我放心，说她年轻，找工作比我容易。过了一会儿，大汤回来，女子去外面打了个电话，回店里说租的房子漏水了，房东叫她赶快回去。大汤让她快去快回，她没有应答，只是向我眨眨眼，说：“大姐，我这就走啦！”她把帽子和不锈钢水杯都扔在店里。大汤等到天黑，又等了一天，打电话找她，她没有接。真是个好人！

于是，大汤又念及我的好，说我做事她不用操心。但从此我心里有了芥蒂，奈何我的腿受过伤，没法再去工厂做衣服。

马老板在我家门口的工厂上班，天天和我们村里的几个男人一起，一来二去，说起了我丈夫如何懒惰、不会赚钱，我又如何五十几岁还跑到外省学了两年画，如今又没出息地回来低头打工。在他们看来，我人到中年，去学做包子、做大饼，倒还不错，可换作学画画，就是老癞蛤蟆想吃天鹅肉，头脑不正常了。我想，就算我不出门学习，他们也有说不完的闲话，哪怕我炒一顿和他们餐桌上的不一样的菜，他们也能扯出一堆是非。

自从大汤的丈夫打听到我的事，他们一家便叽叽咕咕地说了又笑，笑了又说，见天问我一遍：“你当年怎么想起

学画画呢?”我若有什么事做得不合大汤婆媳俩的意，她们便扯开嗓子说：“好嘞！别想多了，都老太婆了，放正经些。那些事不由你想。”

到六月，我在这家面店干了小半年，伍振华老师发微信来，问我可不可以去河南的乡村学校教美术。收到这条消息时，我并没有多高兴，主要是因为我五十几岁了，煮碗面别人还嫌我老，那学校里的老师肯定个个比我年轻。但我还是答应了他，因为他是北京人，他带的那些孩子长大了，马上就要离开他，他之后便会回北京。我一直想去北京看看，不如听他的，将来去北京时也可请他帮助。我就着能不能教上书一事，一再给自己照镜子，并没抱多大希望。伍老师叫我提前去，在开学前熟悉环境，于是我向大汤提出，干到六月底便辞职。

这下好了，之前她想解雇我，现在我自己要走，她一再追问我去做什么，我索性告诉她有学校请我去上美术课。她怎么也不信，婆媳俩天天取笑我。我本想忍受到六月底，最终还是提前请她结款，放我头也不回地走。

4

地球上的风景

在少年时代，我认为生活很容易，很轻易地相信未来。可我选择了艰难的路，认为这样活着才能彰显自己的能力，没有任何人提醒我半句。其实只是糊涂过了半辈子，过去的都不提了，现在去北方吧。

我父亲渴望读书，却一辈子目不识丁。他曾经提起河南便说："天心地胆在河南。"到了中年，我在书里读到类似的话，便信了，心想那片土地该有多么神秘。我打理行装准备出发，出门前把颜料、画架、画笔先寄过去，让伍老师帮我收着。我学画两年，没在家里画过一幅画。在家找不到感觉，门前有一条县级公路，车流昼夜不息，白天小车往来，夜里去宁波的货运车辆源源不断地从这里经过，往往人好不容易睡着，忽闻"咔——""嘘——"，急促的刹车声惊醒睡梦，也让我没有心情画画。所以我只要

出门，家里的画材一点也不留。

伍老师知道我的处境，虽然我们的观点不一致，但他理解我的不易。他计划带大这批孩子后，就放下一切，彻底休闲，他想让我也学会放下。我想在去河南前，先去各处玩一阵。我打算去宁夏看看，它是全国最小的自治区，有很多维吾尔族人，再加上地图上标示着那儿有一大片沙漠，我觉得很神秘。我还想去西安，看未央宫遗址和大雁塔。更重要的是，我在双溪认识的一位画友是西安人，当时她很想帮助我，帮我联系了一座山村，想让我去那里画几年，得到历练和提升后再走出来。我单纯想去那里看看，并问候她。

伍老师他们在河南商丘，我先去见他，再从商丘坐火车去西安。

商丘是一片平川，市区的公交车司机多为女性。我在火车站下车，站台上的执勤警察每人执一根像孙悟空的金箍棒那样的齐眉棍。我心想，这是要对付谁呢？北方人有这么彪悍吗？我上前询问这是什么，警察告诉我是电棒。嗨，我们湖南人火气大，脾气暴，街头常有打架的事，可湖南警察的手里也不拿这个哪！我又想起新闻上说河南人口接近一亿，可眼前宽阔的街道丝毫不见拥挤。

我买好车票，还需等候几小时才发车。有很多女人在候车室外席地而坐，每人都带着几包棉袄、棉被及其他生活用品，我猜测她们是去新疆采棉花的季节工，上前一问，果然是。我去福建学画前，曾想出门学个做饼的手艺。那时我也想去新疆采棉花、摘枸杞，三四个月就能挣一两万元，积攒点本钱就能开个小摊，也可以用这种方式在新疆玩一圈。

这时，我还有些犹豫是否要跟着这些陌生女人去新疆，但最终打消了这个念头。很多年前，我去福建的海边，一位陌生女孩和我同住一个旅馆房间。她说要去一座海岛上找人结婚，我佩服她的勇气。第二天，她早早起床，临行前问我去不去，我不敢做这种冒险的事，也不知该对她说什么，她便义无反顾地去了，从码头坐渡轮去那座岛上。我选择将来的定居地，首先要山水秀丽，过得了我的眼，其次要把生活的主动权掌握在我手里。那时，日本培育出甜柿品种，这种柿子秋天红了摘下可直接生食，不用脱涩。福建人近水楼台先得月，也育出这种果树，并大面积种植。我在朋友的介绍下去买种枝，才遇见那个姑娘。几十年过去，我已完全忘记当初具体是在哪座城市遇见她，也无从知晓她如今过得怎么样。

火车下午五点出发，第二天凌晨五点多到达西安。

我在双溪认识的那位西安画友姓蒋，她是老师，非常善良。我从她和别人的交谈中得知她似乎家庭有些不顺，可她十分关心我的处境，回西安后在城郊找了一处安静的地方，邀我去那里画画。她不知道我得打工养活自己，“理想”对我而言是“理所当然不去想”。于是，她买了几幅我的画作为支持。这回我想去看看她，还买了个时尚的手提包。不巧的是，她母亲病了，我的第六感察觉到她有不方便见我的难言之隐，但她还是答应下午来车站见我。

我在西安车站看列车时刻表，发现那里离延安很近，车票只要十几元。太好了，我几十年来一直梦想去延安，而且那里有一位开写生基地的蒋老师。于是，我乘上一列慢火车，以便从容地观景。早上八点左右，列车出发。越往西北越干旱，这时正值农历六月，南方的台州仍处在雨季，偶尔台风携暴雨而来，而这里深处内陆，很多山因缺雨水而光秃秃的。过南泥湾时，我远远望见谷地中有大片快要成熟的水稻。

车到延安市，市区不大，但它的火车站修得比西安的大且气派。因为少雨，延安的小河只比台州山村里的小溪宽一点，市区四面的土山地都有些干裂，尘土飞扬。人

们把黄土刨开再垒平，在山梯上搭大棚，抽地下水浇灌蔬菜。

也不知“南水北调”有没有顾及延安呢。

西北人爱吃冷面，我早晨在西安吃了一碗，下车后在延安又吃一碗。安塞的画友老蒋来接我，带我去参观革命老区，领袖们生活过的窑洞和房屋基本保持原样。在枣园前，有一棵高大挺拔的老杏树，果子熟了，绯红的杏果不时落下，地上已铺了一层。我问老蒋能不能吃，他说可以，我便捡了直接吃。比拇指头稍大的杏果十分甘甜，可那么多北方的游人都不吃，在一旁笑呵呵地看我吃，我请老蒋给我拍照留念。

我还买了一只不大的安塞腰鼓寄回家，以为女儿会喜欢，后来她一再把鼓送回我的书房，没关系，我喜欢就行。

我买足了菜和瓜果带去老蒋家。从延安市到他家有三四十千米，幸好他开了辆小皮卡。马路全是这几年新修建的水泥大路，在炎炎夏日，这么好的路照样尘土飞扬。到他家时，已是下午三点。古老的水沟旁生长着古老的旱柳，沟里只有细细的一线水流，山梁上的高粱、玉米因缺水而黄瘦蔫巴，人们喝水全靠打深井。老蒋说，他爷爷那

辈人几十年前逃荒来到这里，这山峁里只有一户财主，拥有全部良田，他爷爷替那财主干活，才世代繁衍下来。老蒋年轻时到各地的农村采购药材，再到西安售卖，挣钱养大了三个儿子和一个闺女。

他家在村口的坡路上，有上下两排大瓦房，还保留着两口老窑洞。他的妻子也是个做事干净利落的人，看得出年轻时很漂亮。我放眼望去，没见山梁上长树，可是他妻子不知从哪捡回一大筐杏子堆在屋角。我又洗了一堆，大吃特吃。夫妻俩一再提醒我，本地人都不敢这样吃，担心拉肚子。我不怕，太好吃了，几十年来头一回吃，直接吃到饱，又饱到撑。

老蒋带我去看他们陕北的山。我们翻过他家对面的山梁，在山顶眺望远方，他指着一个地方说，南方人到那里钻井采石油。我第一次感受到令人震撼的荒凉，心想此地要是像南方那样雨水充足，那该多么富饶丰美。各种灌木从泥缝里长出，难以攀爬的土崖上，多年生的菅茅、牛膝草、紫荆叶、羊奶子，人吃的、牛吃的、虫吃的植物疯长。老叶子、嫩枝子、枯秆子，像荒货铺里的商品似的挂满土崖。泥地里也种庄稼，但半夏子、野胡葱、皮子叶只要有阳光和水分，就在麦隙间狂长。但是在这个严重缺水

的地方，所有土地都干渴到认了卑微贫瘠的命，我理解它们的心。

回望斜陂上的村庄，村子很大，窑洞密集。如今，大多数窑洞外都盖了用砖墙围起来的玻璃暖房。老蒋说，政府按人数给每户补贴钱和建筑材料，让很多人住进新房，但他没有要政府的钱，因为他会挣钱，收入比别人高。

到了晚饭时间，老蒋的妻子做的三道菜全是凉菜，其中两样是我不认识的野菜，还有一道凉拌松花蛋，为了照顾我这个南方人，特意煮了米饭。我吃了两碗热米饭，否则受不住凉。遥想几十年前，几十万热血青年来延安为祖国的解放事业而奋斗，在那个要什么缺什么的时代，熬过漫长的艰苦岁月，是何其伟大！

老蒋家有一条养了十几年的狗，走路蹒跚。桌上没有一丁点肉，它从头到尾都没往这边望一眼，我至今也猜不出它靠什么填饱肚子。

老蒋打扫出一间窑洞，让我晚上住进去感受一下。我走了一天的路，疲惫不堪，快乐地躺上炕床就睡，不到两三个小时就难受了起来，洞里潮湿，顶上不断掉下细沙土。我想起年轻时读过的一篇小说，讲一位姑娘被卖给一个傻娃当妻，后来傻娃死了，姑娘和来这里割麦的一位

年轻人暗中相好，傻娃的父母得知此事，叫来一伙人打断了这年轻人的腿，他拖着断腿爬回去，傻娃的家人为了争那口曾用作婚房的简陋窑洞，又逼姑娘嫁给村里的另一个光棍，她走投无路，投井而死。老蒋家的窑洞远比小说中描述的舒适，可我还是半个夜晚都待不下去，悄悄走到旁边的瓦房，在那里睡到天亮。

第二天早晨，老蒋开着他那辆脾气很好、声音很大的皮卡，送我到延安市。前一天下午，西安的蒋老师发微信给我，说要去西安火车站接我，我说我去延安了。我想，如果她欢迎我去看她，那告诉我地址，让我自己去就行，可她一再说不方便，需等她有空了来接我，我担心到时候见面会更尴尬，便没有等她。

接下来，我前往宁夏。我曾在一篇报道上读到，银川有规模巨大的阿拉伯国家进出口贸易市场。我年少时很为《一千零一夜》里的故事着迷，想去看看那些在千余年间逐渐成为中国人的阿拉伯人在那片土地上过着什么样的生活。从延安出发，向北经过定边，就进入宁夏。我觉得“定边”这名字似乎有着不平凡的故事，便坐上了火车。

绿皮火车干净，人少。我在南方乘高铁时，在精密的计算下，每当有人下车，就有新的乘客补上，很少有空位。

而在这趟车上，天黑后车厢里只有我一人，像享受专列似的。我问乘务员，定边县有没有好玩的地方，答没有。我又问夜里在哪站下车，乘务员让我在中宁下车，那是一座繁华县里的一个富镇，住宿也便宜，我决定明天就在那里玩。听他的，半夜下了车，车站离县城很远，有大巴车来接，车票三十多元。我上了车，大巴车在夜色中驶了一个多小时。下车后，只见街道宽广而平坦，楼宇豪华，玫瑰金的街灯把这里照得像座不夜城。我跟着一同下车的陌生人向前走了好远，到达客运中心的对面，众人各投旅社。夜里两点，旅社旁边的面馆仍灯火通明，客人不少。我进去点了一碗牛肉面，味道不错，热乎乎的面汤香辣鲜甜，可我吃着却觉得像极了几十年前我在新化下火车时吃到的面。人啊，走了一生，没走出自己的心。门外的风凉爽宜人。我问年轻的女服务员工资多少，她说三千二百元，分白班和夜班。她是维吾尔族人，从沙漠中一座遥远的乡村由熟人介绍到这里打工。我在台州打工也就这么点工资，伙食还不及这里好。我又问她，这里为什么如此富裕，她说这里不算富，附近的煤矿区全是有钱人，这座城市就是他们出钱建设起来的。我年年听说西北人靠开发煤矿赚到了数不清的钱，这回在夜里见识到了，若是白

天来，或许不会有如此真切的感受哪!

次日，我睡到八点多起来，才发现住的地方位于中宁小镇的商业中心，旁边有一片非常大的集市，可惜店铺大多还没开门，毕竟前一晚营业至深夜。我沿马路走了很久，四周无山，无从辨认方向。本地人说这里曾是不长草的荒地，可眼前每个街口都有草木花卉，大清早，水雾从隐没在草间的水管喷洒出来。马路宽阔而干净，没有灰尘。我等到十点左右才坐上去吴忠的车，就为去看那座卖阿拉伯商品的市场。到了那儿，当地人告诉我那市场倒闭了，但还是为我指了路。那是一座豪华而宽敞的大市场，却只有寥寥几十家店铺还开着，卖南方的茶叶、宁夏的黑枸杞等，来逛市场的人更是稀少。我走出市场，去附近的农村转悠。村里的房子不高，但都是新的砖瓦房，外墙刷得白锃锃的。路边栽着高大的白杨树，大概是因为天热，路上人很少。我曾听说此地干旱而不宜居，可我到的地方全是一望无际的晚季水稻田，一条宽阔的河流经过。在这么遥远的边塞乡村，东一处、西一处地散布着气势不俗的住宅区，入口处写着小区的名字——“杭州某”“西湖某”。看来，生活在沿海地区的人们遥想西部，西部的人们同样渴望海滨，两地互为诗意的远方。我想起在深圳时，我对

我的老师说，想去外国看看风景。没等我说完，老师说："都是地球上的风景，只不过太阳晚上晒那边，白天晒这边。都是一样的石头，只不过中国人用石头垒梯田，种粮食，外国人在石头地里放羊，没啥两样。"

我随身带着地图册，坐汽车去最近的火车站，买票去银川。火车跑了一路，沿途没见到沙漠，偶尔见一小片裸地，也有稀疏的植被。我远远望见村庄，是整齐的红砖墙青瓦房，一看便知是政府出钱给人们新建的居住区。空旷无边的原野上鲜有人迹。银川火车站修得气派而别致，这时赶火车回来的多为外出求学归来的年轻学生。一个女人问我要一元现金，用来坐公交车，我给了她，她一再追着我，要用手机扫码还给我，十分诚恳。我觉得不对劲，便说没带手机，那女人知趣地没再缠我。外面骗子很多，要各种手段的都有。

我坐公交车在银川市区逛了好几条街道，真像我老师说的，和其他地方的城市没什么不同。于是，我买了张半夜的车票，从它的东侧经青铜峡，过宝鸡回到西安，又在西安游览了未央宫遗址和大雁塔。我曾经那么渴望来大雁塔，是因为玄奘归国后在此处译经多年，可如今见到，却只是一座塔。我年少时觉得生我养我的故乡山水不好看，

可现在看哪里都觉得和我的出生地相似。

人是古怪的动物，向往陌生的远方，可到达了远方，却又发觉想家想得厉害。

5
尘土飞扬的地方

我来到河南柘城，县城很大，学校在官庄村，离县城还有一小时车程。沿路的乡村麦子已收，玉米抽穗扬花，秸叶青青。夏末的太阳晒得空气发焦，天不下雨，玉米地和菜地都靠抽水浇灌。我只在近郊见到一条河流，河道很深，水流细如小溪。人们早晚拥在河岸上的大路旁摆摊卖鱼，我不知他们的鱼养在何处。到了官庄，马路上尘土飞扬，路旁全是高大的泡桐和白杨树，老人们随意地坐在路旁的树荫下打牌、聊天、摇蒲扇，也有的带上小孙子一起打发时间。

我曾经无数次想象河南的农村有古老的房子，可在这里没有见着。三四十年前留下的单层红砖瓦屋，现在多留给老人居住，年轻人挣了钱，盖起两三层的带院独栋，装修得很漂亮。家家打了很多粮食，不像南方那样装袋码

垛，而是直接倒在自家的大房间里，等收购商上门买走。然而种粮食并不赚钱，青壮年大多外出做生意或打工。

伍振华老师去年带学生们在湖南汨罗江度过寒冬，今年来到这里。孩子们都已长大，年底将回到各自的家长身边，他自己则准备回北京郊区的家中养老。几年前，他雄心勃勃地和蒙老师一起，想要挽救走上歧途的孩子们，可现实困难重重，他不收取费用，但哪来那么多钱支撑下去？现在他劝自己慢慢放下，也常劝我放下。我自己也在劝我放下，但我的丈夫肩负着为我造债的职责，他造债，我还债，无休无止。

官庄中学是在民国初年由本地乡绅和有志之士出钱出力修建的，原址和现在的校园相隔一条马路。学校占地近十亩，连带着一所公立小学和一座幼儿园。最初修建的大门被保留了下来，它高四米多，宽六七米，华贵的砖雕图案保存完好。在六七十年代，门上增添了刻有五角星和口号的砖雕。八十年代，它成为县里最重要的农村高中之一。但改革开放后，县里财政困难，便要撤掉官庄中学。那时候，农村孩子上学很困难，张姓是村中大族，他们担忧农村子弟失学后没了出息，几位有眼光、有能力的农民上下奔走，争取保留学校的民办资格，并且不用政府出

资，愿意留下来执教的老师待遇不变，退休后也按国家政策给付养老金。方圆十来千米的农民们都全力支持。就这样，学校于九十年代改行股份制，带领众人护校的张姓农民当上校长，他就是现任校长李素敏已故的公公。

我来到这里时，这所学校涵盖一年级到九年级，早已成为柘城县重点中学，共有二十几个班，在校学生约有一千五百人。

伍振华带着他的二十来个学生来到此地，在学校围墙后面租了一栋两层楼的农舍，这位房东在南方城市开面馆，房子空着，一年只收五千元租金，厨房、卫生间齐全，楼上住人，下边吃饭，还有个大院落。此外，官庄中学安排了一间大教室供这些孩子使用，又给了伍老师一间小屋当办公室。

伍振华老师这里除了十几个少年，还有几个女学生，其中两人生来体弱多病，因而不能过普通的校园生活。还有两个女孩，一个的父亲患有精神疾病，另一个的父亲染上毒瘾，把家庭带进了深渊。还有一个女孩，亲生父母以拾荒为生，后双双去世，一位北京女人收养了她。这女孩性格乖戾，不爱上学，伍老师认识她养母后，也将她收为学生。他带着这些在学校安置不下的孩子游历南北，教他

们弹琴、练字、读书、洗衣、做饭，让他们学会照顾自己并互相照顾。在官庄安顿下来后，伍老师找了一片荒地，带大伙种黄豆、南瓜、甜薯和玉米，让孩子们明白生存之道。

那位父母双亡的女孩的养母肖姐非常爱女儿，常从北京过来，在伍老师租的农家院里住上十天半个月。她对我说，以前她的养女不爱读书，使她伤心，眼下见孩子样样事情都会做，性格变得开朗而体贴，她很知足，只愿孩子长大后能过上平实、快乐的日子。肖姐很热心，没过多久就在官庄交了不少朋友，并把那些村子都逛得很熟。她得知我画画，便对我一口一声“艺术家”。有一天，她心血来潮，骑电瓶车去一座很远的村子买面粉，说那里的面粉特筋道，带上我一起去。

我住惯了南方的丘陵山区，那里道路蜿蜒，依地势兜转，有人问路时，指路者总会以某座山、某棵大树或某块巨石为参照物。可到了北方平原，大路或东西、或南北直通，小岔路与大路平行，问路时，别人头也不抬地说往东或往西。我压根不知如何分辨东南西北，即使太阳当空，我竟也顽固地想象着异乡的太阳从西边升起。这里人口密集，村落绵延，当地人给我讲解数遍，我仍稀里糊涂，不

明白哪里是王庄，哪里是李庄，只觉得每座村庄看上去都一模一样。肖姐骑车载我走了很远很远，我一路上见到很多干涸的水塘，我问她："北方人在通自来水之前如何取水洗衣做饭呢？"又问："这么远，肖姐你记得回官庄的路吗？"不知这两句话如何得罪了她，肖姐立马生气不已，说："你这个艺术家，其实就是脑子不好使才问这话。"她险些叫我滚下去，到底没让我滚，又驶了好远，到一座村庄买了两袋现轧的新麦面粉，然后自顾自地骑车把我载回官庄，一路上没说话，以后也不再理我。

6
为了回归传统的改革

李素敏老师是柘城县官庄村本地人，家里有八个兄弟姐妹，她排第五。她八岁时父亲病逝，母亲独自抚养八个孩子，一家人受过的苦难不可言说。好在那个时代，学校基本上不收学费，她早晚在家吃饱饭，白天在校读书，放学后回家帮忙干活。当年的官庄中学是一所一贯制学校，从小学到高中都在同一所学校。她从这所家门口的学校考上郑州大学医学院，当年也不用交学费，而且有国家补贴的生活费。

李素敏十四岁那年，邻居为争自留地，欺负了她的母亲，竟然没有人站出来说句公道话。瘦小的李素敏从学校跑回来，冲进那人家中，抄起一把铁锹掀翻桌子，一下子把对方镇住。

那人问她："你干什么！敢翻天不成？"

李素敏怒目圆睁道："今天你欺侮我妈妈，不中，得赔礼。我虽没爹，但不怕你，我全家坐你家吃馍馍！"

那农民其实是个怯懦的小人，认为李家没男人，可欺负，便想抢些便宜，结果被人家的一个小女儿镇住，听李素敏说她这么大一家子人要挑棒子坐他家吃馍馍，顿时吓坏了，只得赔不是。

自从八岁时她的父亲因没钱治病而去世，李素敏就立志做一名医生，去为许许多多的人治病，救一个人便是救一个家庭。她很有才华，三十岁就已经是县人民医院的主治医生。

李老师的公公是官庄中学的校长，自从学校改为私立，她丈夫家的四兄弟各自打着小算盘，想把它办得像家赚钱的企业。可是李老师的公公是个有远见而不怀私利的人，一心为乡民后代的教育着想，绝不愿把这所当地名校变成敛私财的工具。他看中了同样不爱钱、爱奉献的儿媳妇李素敏，力挺她来负责学校事务。在河南，重男轻女的风气未消。计划生育时代，人们对生儿子的执念带来了一支庞大的"超生游击队"，有一个小队的女儿加一个儿子还不够，最好再来一个儿子。在那样的年代，李素敏的公公挑中儿媳当继任者，足以见他的高瞻远瞩。

然而，从提议到正式请她来学校，用了五六年时间。那时，李医生已经是县人民医院的李主任，不甘愿放弃她热爱的职业，来当这个看似谁都能当的校长。年近四十辞去医职来学校，让她的精神备受折磨，过了三年仍没缓过神，反而患上了抑郁症。

这时，邻村发生了一桩可怕的悲剧，震撼了她的灵魂。

一年夏天，一个没能考上高中的十五岁少年回到农村，父母、亲戚都骂他是没出息的东西。这么小的一个孩子，若稍加点拨，学门手艺，绝非无路可走。可是他在学校因成绩不好而被老师和同学看不起，回家又受家长打骂，最终在玉米地里喝农药结束了自己的生命。两个月后，村民收玉米时发现了他，瘦小的身体已经腐烂。李医生这才意识到教育中存在的问题，于是接受了夫家的提议。这时，年迈的公公退休，她出任校长，人们对她由“李医生”改称“李老师”。

李老师上任后，在初中毕业生中选拔了一些成绩中等但为人踏实勤恳的孩子，送到师范学校就读，毕业后聘回官庄中学任教。果然不负她所望，这些年轻教师能和孩子们心贴心，带动他们更快地提升综合素质。

我七月来到官庄，那时学校刚放假，我便放松地待在

伍老师租的农家小楼的阳台上画画。官庄中学趁着假期对厨房进行大改造，伍老师的建议在其中起了很大的作用。由于经济条件快速改善，很多学校的食堂食物浪费严重。官庄中学的食堂每学期请十几名服务员和厨师，学生们吃完饭后，剩饭剩菜扔在碗里、桌上、地上，随手将碗盘一推就走人，洗碗阿姨们非常辛苦，且效率低下。这回，学校决定把大食堂旁的一排小屋拆除，再推平旁边的一片空地，整块地连起来，建一座近五百平方米大的玻璃钢顶食堂。原有的旧桌椅全部拆除，墙面、地面和屋顶都翻新刷亮。厨房的隔间一律打通，改掉之前“各自为政”的局面，那时实行承包制，卖包子、油饼的一摊，卖菜的一摊，卖面的一摊，各做各的生意，现在则合为一体，并引进先进的餐厨及消毒设备。

在新餐厅的入口处，每一个班级配有三个冷热水槽。学生们用完餐后，每班每天轮派值日生，洗本班的碗筷。学校把择剩的青菜叶梗全用于酿制酵素，发酵用的大桶排在花坛旁的围墙下。发酵后形成的液体是天然的清洁剂，与洗洁精混合使用，更加环保。

每班有固定的老师指导学生们高效地将本班的餐具洗干净并整理好放入消毒柜，再将地上的水渍擦拭干净。

起初，大部分学生每洗一只碗就要花几分钟，后来他们掌握了方法，一组学生只需十二分钟就能完成全部工作。这样一来，全校同学都以快乐的方式化繁为简地同做一件事，大家主动参与，积极配合，甚至相互竞赛，比普通的玩耍更有意思。在这项令人愉悦的集体活动中，孩子们提升了处事与合作的能力。周末回家时，大家自觉地做饭、扫地，并把做家务的经历写在日记或作文里。校园焕发出新的风貌，这是开学后的事。

在改造食堂时，伍振华认为这是锻炼他的学生们能力的好机会，我也一同参与。伍老师文化水平不高，辅导孩子时并没有太多方法，只是教导大家将来要踏实立业。他是很实干的人，当年在部队练成了个多面手，砌墙、盖房一个顶俩，我和孩子们也跟着他起早贪黑，干拆房、填地基等非技术活。

伍老师没有办学的场所和资格，无法带着孩子们长期发展下去，这次来投奔官庄中学，李老师以宽广的胸怀接纳他们，并把伍老师身边那几个十七八岁的大孩子送入柘城职业技术学校学习。这些大孩子懂礼仪，处事能力强，很被校方看好，伍老师也大为放心。然而，仅仅过了一个多月，他们与其他学生打成一片，很快又沉迷于手机游戏

和短视频，此前多年的努力付之东流。

伍振华心中有如冰火两重天，气得浑身酸痛，无法释怀。又过去一个多月，他从困顿中解脱，每天下午从官庄徒步至柘城县城，再徒步返回，坚持了一个多月，大抵恢复了平静。那时已近年底，他独自去游览泰山，从那里先回了趟北京，再来到官庄，终于做好了解散团队的决定。

解散时，他没和李老师多做解释。李素敏未必会理解，伍振华过了大半生的顺遂日子，近几年才开始公益性地带学生。男人非常在意面子和成就感，而如今本已花开满园，却又看着多年的心血白费，他内心是多么失落痛苦。这是后话。

新食堂在开学前十几天建设完成，请来的工匠们离开后，我独自花了三天时间擦洗玻璃门窗上的污渍。那时刚刚入秋，下了几场暴雨，把尘土飞扬的校园冲洗得干干净净。离开学还有几天，我在伍老师租房顶楼的晾衣棚一角置一画架，建食堂累得我骨头散架，画画能起休养之用。

年少时，我从别人丢弃的破桌底下捡到一本《红楼梦》残本，前后破损缺页，我把中间那部分看了好几遍，非常喜欢里面的仕女插图，多年来一直渴望画出这样的画，终于等到时机，这就开始。我啥也不懂，对着一幅杨

柳青木版年画，单凭感觉和简单的计算，比例怎么也画不协调。我把肩膀及以下的肢体和衣裙画完，再往上画出美人的头脸，若吴道子在世，估计要被我气得半死。但我还是对这幅画十分满意。美人微颔首，眉眼间带着似有若无的深沉的笑，肌骨柔软，衣袂飘飘，如有仙气。

开学前一天，李校长来慰问伍老师和他的学生们，感谢他们对食堂的建设做出的贡献，看到了我的这幅画，又看了我先前在深圳临摹的几幅名画，很喜欢，从而对我这个准美术老师放下心来。

7
滚马图

走进学校大门，经过一栋长教学楼，是一座很长的葡萄架，种的全是当地原生的白葡萄品种，果实累累，但不好吃，仅仅打造出一种绿荫氛围。葡萄架旁的几棵乌柏树上密密麻麻地结着黑籽，乌柏籽是从前做蜡烛用的原料，味道苦涩。但是鸟儿宁愿啄食蜡籽，也不爱吃那葡萄，因为葡萄实在太酸，鸟儿以喙当牙，酸软了喙便无法觅食。

我喜欢这个地方，趁还没开学，校园里静悄悄的，我把画架挪到葡萄架下。去年，我在深圳临摹黄公望《富春山居图》的一部分，将其改作油画，并突出立体感，仿佛过去的时光近在眼前。但我仍觉得水准欠佳，于是这回临摹一位明代画家的山水画。画了两天，一大批学生和老师前来领书并整理教室，见我画油画，觉得很新奇，先是

悄悄地站在后面看，忽然又有一拨人迎面跑来看。我如同置身闹市，画不下去，赶紧撤回李老师给我安排的宿舍继续画。

伍老师坐在学校分配给他的办公室里，交代我把学生们教好，争取留在这里教到老。他成长于一个重男轻女的家庭，几个姐姐把他呵护得很好，因此他虽然只比我小一岁，却远比我单纯，不知我的顾虑。我心里明白，一所农村重点中学，虽是私立，但对于招一个五十几岁且没文凭的人来专门上美术课，大抵是不感兴趣的，我只能走一步算一步。他不理解我的尴尬和难处，只是单纯而善良地认为，我应该像艺术家那样轻松自在地过日子。恰恰相反，艺术家的生活并不是我所向往的，我想要的是一份在我体力承受范围内的稳定且工资不算太低的工作，以解决生存问题。

八月的最后一天，学校给我安排了宿舍，同住的老师姓刘，是九年级三班的班主任。宿舍的后门外有一方盖有玻璃钢瓦的天井，在这里既可以晒太阳，又可以做饭吃，还方便在墙上画画。于是我请村民带我去家具店买了一块五合板，钉于墙上，再把画布钉在板上，就可以自由地作画了。每完成一幅，便取下画布，再钉上新的画布，实在

再好不过。

就这样，我开始了在官庄的教学生涯。

初秋，下了几场淅淅沥沥的雨，校门外马路对面的几户农家院落里，石榴将熟。石榴一生都在开花，果实成熟时仍有花相伴，仿佛不知疲倦。屋旁的菜地边种着硕大的鸡冠花、牵牛和指甲花。指甲花的花瓣就像指甲，将种子夹在中间，花茎上有像指关节那样的凸起。我老家以前从来没有这种花，后来有了，因为河南人去我们那儿的矿上工作时，带来了它的花种，住到哪儿就种到哪儿。年少时，我和朋友去采种子，种在菜地旁。据说蛇害怕这种植物，因此我们那儿家家户户都种了一些，防止蛇在夏天来伤小鸡。后来我移居台州，发现每到春天，家家地里都会种一片指甲花。台州人叫它鸡骨杆花，因为它茎上的凸起像鸡爪骨。这种花开放时，成串绯红或月白，甚是好看，但有股难闻的土腥味。台州人把它当宝，在它粗壮未老时砍下，去叶，成捆拿到集市上售卖。将它洗净、沥干后，切段入坛腌制，到冬天时取出，其秆芯的咸汁可下粥佐饭，还能预防感冒。若不是亲眼所见，我万万不敢相信，这种又苦又腥的植物居然可做成家常菜。但在这里，河南人并不吃它，只用来观赏。

我拍下这些花草，希望在最初的课程里让学生们观察、留意身边的事物，并把它们画下来。七、八、九年级不上美术课，除了九年级的一个德育班，和一年级一样每周上两节美术课。二〇一九年秋季，学校只招到三十几个一年级新生，组成一个班。二至六年级共有十几个班，一律每周上一节美术课。所有老师都有教科书，我没有，学生们也没有。教务处的宋老师管理的书库里有每个年级各一本的国家美术教材，借给任课老师用，学期末归还，书很旧，能看出已用了多年。宋老师告诉我，美术课原本由年轻的彭老师上，她是三年级一班的班主任，同时还负责贫困生的扶贫对接工作，而这里的贫困生太多了，她抽不出时间来教美术。当年我的女儿即将上大学时，有企业家来视察，我们全都避而不见，因为在我们那儿，谁家的孩子若被视为贫困生并得到资助，就有几分抬不起头。

我明白了，学校似乎不太需要美术课。好在我到了这个年龄，很多事早已随缘，只求为自己过好每一天。

教室里使用电子黑板，就连一年级的孩子也比我更懂如何操作。他们教我把书上的图画放在黑板左下角的显示器上，手机上的图片同样可以放在那个位置，再按另一个

键，图像就会被传到黑板上，可随意移动或放大。我初来乍到，先逐班照着教材教了两节课，并给孩子们讲绘画史上的故事，就算是完成了教材上的教学任务。从第三周开始，我教大家画村里的鸡鸭、菜地里的花和树上的果。没想到孩子们太能画，仅仅两节课就画完了这些内容，见我着急，他们开怀大笑。我教孩子们画简易的鸭子，先画一条“乙”字形弧线，在线条的起始处画一个圆圈表示鸭头，再在圈内画一个圆点表示鸭眼，然后在下方又画一条“乙”字形的线，涂上颜料，便成了一只鸭子。我话音刚落，他们就已画好，对着我笑，仿佛在说：“怎么样？还有什么要画的？”我想，在我到来之前，他们在美术课上是怎么打发时间的呢？

美术课有个好处，那就是不必考试，也不必照本宣科，老师可以“混日子”。可我是天生要背负包袱行走的人，让家里人寄来一大摞画册和美术书，又从伍振华老师那里借了一些书。我曾在深圳看到《芥子园画谱》，一再犹豫，最后还是没买，幸亏他手上有一本，这回用上了。我打算提高美术课的难度，在画谱里找了一匹打滚的马，先让一年级的孩子们画。马打滚时，头扭向一边，一只前蹄直指天空，另一只勾在腹前，一条后腿对空弯曲，另一

条则软软地向地面歪倒。古人画技高超，这么复杂的肢体动作，寥寥数笔便勾勒出来。我把画投影在黑板上，给孩子们讲解难点，分段讲解复杂的线条，并拆开来画出，再组合在一起。粉笔比我平日里使用的画笔更听使唤，它均匀的硬度让我在画线条时能够保持得心应手。这幅颇有难度的滚马图，一年级有十几个孩子画了出来，实属难得。这些孩子如同刚刚铺开的白纸，初生牛犊不怕虎，兴致盎然。黑板上的马长鬃揽尘，马腹朝天，马屁股似欲弹起，马尾扫地。孩子们一见，就已“嘎嘎”地笑疼了小肚子，思路沉醉地跟随线条游走，不知不觉，滚马跃然纸上。谁也没承想哪！大家头一回颇有成就感地笑了。

接下来，我让五、六年级的学生们画这幅画。十二三岁正是开始独立思考的时候，普通班有一半的学生画出，而优秀的班级只有少数几个孩子没画出来。我又让三、四年级每班各画一次打滚的马。有一种美食叫“驴打滚”，与之相似的点心在全国各地十分常见。南方人用糯米粉，北方人用黄米面，蒸熟后卷上馅料，裹上炒熟的黄豆粉切成段。三、四年级的孩子们一看黑板上那匹撒蹄子的马，个个都说“驴打滚”，但都认为很难画，五六个班加起来也没有几个学生画出这幅画。

九年级三班是德育班，共有二十几名学生，都是从各班挑出来的厌恶学习的孩子。其中有十几个男孩，大多长到一米八上下，还有八九个女孩，一律坐在靠近门口的那排桌边。上课时，几乎没人看黑板，有发呆的，也有转过身背对黑板的。一眨眼的工夫，几个男同学就挤成一窝商量“大事”，脸上挂着神秘的笑，过一会儿又望向窗外低空飞过的鸟。女生们则仿佛围炉而坐，有时还在课桌底下绣花。此前的很多年里，一些学习成绩不好的孩子，在村里被村民瞧不起，在学校被老师瞧不起，回到家里还要遭受父母和其他亲戚的鄙视和辱骂。心绪动荡的少年们走投无路，进社会闯荡也毫无出路，有的甚至选择了自杀。官庄中学每年把这些厌学的孩子集中到一个班级，教他们为人处世的道理，要求他们每个周末回家参与家务劳动，并将真实的经历写进作文里。在学校，每天下午两点左右，他们去食堂给厨师们打下手，帮忙做饺子、包包子，学习将来谋生用的手艺。我在课上让他们画打滚的马，大家看到黑板上的马，觉得好玩，一个个笑嘻嘻的，但就是不动笔。我走到他们跟前挨个讲解，并说起一年级的学弟、学妹们画得有多生动，试图激起他们的好胜心。我的目光扫向谁，谁立马正襟危坐，而当我看向下一个人，

方才端坐之人又瞬间窃笑起来，对着同伴眨眼。有几个学生画了一只马蹄或半条尾巴，我便欣喜不已。最终，九年级三班没有一个学生画出这幅画。

8

许是半大未成年

九年级三班的教室被安排在教务处隔壁，为的是把这群孩子放在校领导的眼皮子底下严管，以期他们能转变态度并学到些知识，可仍然问题重重。农村的大部分家庭并不穷，这些孩子家住大房子，吃穿管够，父母盼着儿女有出息。但哪个学校都会有一些这样的学生，学习对他们来说是件头疼不已的事。

有个女孩因不愿来学校，称病在家。她的父母在外务工，留在农村种地的奶奶对她说："孩子，你去学校吧！我对你爸妈能有个交代。"但这女孩说，班主任骂她，说她不好好上课，英语老师也骂她，同学们欺负她，因此她不敢去学校。这位奶奶到学校来了两次，老师们心平气和地劝她，孩子长大了有很多条路可以走，过得开心便好。直到我离开学校，都没见那女孩来上学。

另一位女孩因父母经常吵架，一气之下离家出走。家里人急坏了，四处寻找了一周。她住在一个已经转学的女同学家中，那位同学从半年前起就不愿再上学了，和爷爷奶奶一起生活，两个女孩十分开心、自由。那位同学的奶奶出门赶集时，对熟人说“某某庄的女娃在我家住了几天都不提回家的事”，这才通过别人传话，让她的家人去接她。班主任骑自行车去她家，把她接回学校，又耐心地劝解那对吵架的家长。

这个女孩叫羊纤千，我看到她的名字，不禁感叹自己真的老了，这些“零零后”的孩子都被赋予了一些新奇的名字。她生得又黑又瘦，在高个子同学多如林木的九年级三班，难免显得矮小，因此被送外号“细米”。细米不爱说话，也不大笑，喜欢低着头咀嚼心事。有一回，我发现她在桌下绷了一块布偷偷绣花，她便把双手藏到课桌下，板起脸等着挨训。我夸她手艺好、有天赋，并告诉她，贵州有个姑娘读书不多，却能在泡醋蒸煮过的树叶上绣花，结果绣出了不得的艺术品，被人买去收藏。

“所以啊，纤千同学，只要把一件自己爱做的事做到极致，便能拥有独特的才能，能让自己过得很幸福。”我说。

女孩憧憬地抬眼望着我，眼中隐隐有泪花闪烁，也许多年来她从没得到过这样的鼓舞和肯定。

后来，纤千常来刘老师和我的宿舍。刘老师是她的班主任，她把自己的画给刘老师看，刘老师又给我看。那是对书临摹的宋朝建筑，线条流畅，若坚持下去，能画得很好。

纤千的父母常常因为钱的问题争吵不休，她有一个弟弟，母亲一吵架便骂她："真笨，不读书就打工去！"纤千十分痛苦，当真想初中毕业就去打工，可打工又谈何容易？刘老师向她讲述自己年轻时打工受骗的经历，并告诉她学一门手艺才能给人生开一个好头。

临毕业时，纤千一再向刘老师表示，她一定要坚持读完职业高中，学好一门技术，并且继续画画。画画和绣花是相通的，铭刻在脑子里，或许未来的某一天能够派上用场。她已做好准备，给自己的人生一个好的开始。

九年级三班有一个脸上长斑点的男孩，头脑灵活，画画不错。我多次鼓励他，但他上了两节课就失去兴趣，躲到教室后排捣鼓一些碎纸片。这个班上的每个人都希望早点下课，但对于去食堂学做饺子和包子，他们非常乐意，从不落下，而且尽职尽责。每周五下午，学生们排队出

校，校门外，各年级各班的家长们也排好队，齐齐整整地准备接各自的孩子，人山人海却井然有序。周日下午，学生们又由家长送至校门口，各班主任清点人数，像放羊似的。九年级在周日也要上课，为的是冲刺升学考试，但三班除外，他们上午便去食堂学做美食。

每周日，全校学生都要共进晚餐。这是新一周的开始，因此菜品格外丰富，肉包、芹菜包、韭菜馅蒸饺、猪肉馅蒸饺、芝麻花生碎馅饼、牛肉馅饼……各种花样轮换着吃。在厨房的大桌子上，供一千五百多名学生吃的各式馅料一字排开：一盆胡萝卜韭菜碎、一盆猪肉末拌葱花馅、一盆牛肉末拌大葱碎、一盆芝麻和花生米碎。一顿要做八千个包子或六千个馅饼，又或者一万五千多个的饺子。机器将面和好并压制成形，九年级三班的学生们便动手包馅料，一个个细心码好，送进蒸笼。很快，香气袅袅升腾，校园里的鸟都闻香飞来，在树上等候，大家会把剩下的碎渣撒在花地里喂鸟。

如此练习多次，三班的同学们都成了厨艺小能手，走到哪里都能凭双手生存。

九年级三班的班主任刘老师中等个头，身材很瘦。我俩的宿舍连带天井约有十二平方米，这是一座单层瓦房，

河南的冬天很冷，因此瓦下加了保暖层，这样夏天阳光很烈时，屋子里也不太热。我俩一人一张铁制双层单人床，她的靠近门口，我的在里侧。我在床边摆了张矮桌，上面放着几本书，几套换洗用的衣物码在床头，上层的空铺放一卷备用画布和空行李箱，从家里寄来的颜料和画笔收在墙角，整体布置得十分简单，但令人满足。那张矮桌是从教室被淘汰的旧课桌，桌面中央被捣蛋的学生沿木纹掏了个洞，还断了一条桌腿。我请学校生活部的黄主任锯短另外三条桌腿，改造后桌面略高于床铺，用起来很舒服。我把桌子抽屉口朝外摆放，一些常用的零碎物品放在抽屉里，方便取用。房间里剩余的空间横横竖竖地摆了四张带书柜的书桌，用来放置刘老师的物品。

小天井倾斜的顶棚一头高两米多，另一头高约一米八，玻璃瓦无比透亮。好在我来时已近凉秋，太阳直射的那几个小时，我在各班奔走上课，等我有时间站在墙边画画，已近傍晚，在灯光下画也很惬意。

起初，刘老师不常和我说话。毕竟她只有四十岁上下，学校里大部分老师也仅二三十岁，岁数稍长的大多是校领导，而我五十几岁了，且不是本地人，千里迢迢来到这里，大家对我心怀疑虑，再正常不过。刘老师的东西很多，但

摆放得非常整齐。她那张双层床上层的空铺上高高叠放着许多物品，我一见便觉得很压抑，但她很看重那些东西，进门或出门时用目光一一清点。我看得出她的戒备，但是我坦坦荡荡，每天打扫卫生时把她的“地界”弄得一尘不染，对那些物品绝不多看一眼。有一天放学后，我发现刘老师忽然把她那边放不下的几个大包裹摞到了我的上铺，也许是认为我的上铺白白空着。但我喜欢空旷的环境，心下有些生气，于是全部扔回了她的床顶，后来她再也没把东西堆放在我这里。

刘老师十分勤勉，原先在学校担任后勤工作。九年级三班是在这学期临近毕业时才组建起来的，李老师见她有耐心，便选她当班主任。每个周六，刘老师骑自行车去一两个学生的家中访问，并和学生及家长一同去田间地头干活。每隔一两周，她会在周六让学生们从家里带白菜、萝卜、南瓜、冬瓜来学校，大家一起做饭吃。这都是为了教会孩子们踏实肯干、友善沟通，让他们明白在文凭之外，更重要的是拥有靠自己的双手吃饭的能力。

学生们很爱她，拥护她。可是我想不明白，是什么造就了刘老师喜欢囤积东西的性格呢？我没有问。宿舍后面的小天井，晴天太阳暴晒，雨天潮湿渗水，瓦缝间渗进雨

雾，刘老师绝不在这里放她的东西。这敢情好，我又放了个画架，另添置一张矮桌和一把矮凳。这把凳子也是被教室淘汰的，我请黄主任把它锯矮，再添几块小木片加固，用于坐着画画。油画每画完一层，不晾干就无法继续画，这下我在墙面和画架之间轮换着画，不耽误事。这一方小天井就像是我的独立画室，我心满意足。

刘老师的努力自有回报。九年级三班的学生把生活记录在作文里，讲述他们恋爱、偷学喝酒或与父母怄气而离家出走的事，在写作中学会反思。他们开始为自己的未来规划方向，让所有暗中对他们失去希望的老师、家长、同学都为之振奋。这群孩子还学会了用剩菜制作酵素。学校里有几位优秀教师，年年培养出品学兼优的学生，却因为太忙而忽视了对自己儿女的教育。身为家长的她们内心痛苦得几近崩溃，纷纷来找刘老师请教，刘老师往往建议她们尽力挤出时间来陪伴孩子。人活在世上，从童年便开始担负责任，越长大，责任越大，有对家人的责任，也有对别人的责任，做好分内的事，便是同时担了这两种责任哪！

认识的时间长了，刘老师主动向我讲起她的故事。她的丈夫在外地开汽车维修店，那男人聪明且技术过硬，但

身体不好，频频病倒，只得停业一阵子，病愈再营业。如此折腾几番，收入支付完店面的租金和医药费，基本归零。于是，她丈夫下定决心自学中医，后来又拜了老师。他悟到积德比赚钱重要，便免费替人治病。这几年，他身体比从前好了很多，又去开汽修店。

刘老师的娘家位于河南与安徽交界处的农村。她母亲去世得早，父亲跟人去海南种水果和水稻，把年少的她和弟弟也带去。在颠沛流离中，她勉强念完初中，进入了海南某偏远乡村里的一所高中。那里教室简陋，师资匮乏，大家每天早晚去井边或小溪边洗漱，上厕所则要去附近的灌木丛或田地里解决。学校里的老师多半只是代课老师，绝大多数学生无法考上大学，但刘老师即便离开了学校，也一直坚持自学，不断思考。父亲年老后，带她回到河南，弟弟则去广东开店，做点小生意。她三十七岁才成家，三十九岁生下儿子。我这才有些理解她对旧物的眷恋，但仍不明白她为何如此热衷于囤物。我同样几十年来过得颇不如意，但更倾向于将零碎的物件送人或丢弃，不为物所牵绊，我俩走上了相反的道路。

有时她不上课，我也站在墙边画画，她问我："愿不愿意听故事呢？"当然愿意。我画画时喜欢独自一人，关上

门来面对自己的思绪，她在一旁我无法入定。于是我放下笔与她对坐，她告诉我，她高中毕业后外出打工，却被骗进了传销组织。她对那传销组织的头目说，自己是孤女，没有任何亲戚，求对方收留她一辈子，还叫那人给她买一部进口手机和一堆漂亮衣服。她装疯卖傻，那头目见没有任何从她身上榨取油水的希望，只好自认倒霉，趁夜把她拉到别处扔下。她成功逃脱后，凭着记忆帮警察救出了很多被骗到那里的人。

她因为做事慢，所以屡屡失业。无业的时候，她常常乘电梯进入别人的大厦，再沿步梯走下，捡别人打包丢在门外的剩饭渡过难关。

后来，她学会了使用电脑，并买了一台，出门穿时装，让自己在求职时看上去充满自信。她先后在超市做收银员，在酒店做接待员，虽然速度仍很慢，但她比别人花更多的时间学习，用细致来弥补速度上的不足。因此，当她在这里得到一个上讲台给孩子们当老师的机会，她比许多优秀教师更容易理解、贴近孩子们的心。

原来，刘老师是天生上进的人，并且付出了大半辈子的努力。

9
松花蛋和土豆腐

校门外的马路对面有家很大的小卖部，在店里忙碌的是一对婆媳。婆婆六十几岁，微胖，一笑眼睛就眯成两条缝，脸被风沙吹得宽而肉厚。老太太说，老头子在世时生了二十几年病，田间、家里的粗活全由她一个人扛，还身负债务，她很多年没笑了。后来，儿子去福建打工，找到这个晋江的儿媳妇，比她儿子年长五岁，善良、漂亮且能干，来到这个家便开店做生意，家里的财富几年间翻了几番，老太太如今见天笑得舒爽。这个福建姑娘性格温和，说话如珠子落盘中那样好听，我没见过她除笑容以外的表情。她婆婆习惯往口袋里揣点“私房钱”，她像看小孩玩闹似的哈哈大笑，说：“嗐，从碗里倒进锅里，吃起来还是那团面儿。”过了两天，老太太又变魔术一般地把一兜零钱掏出来，放回收银盒里，感叹道：“哎呀，就一个

儿子和一个儿媳妇，我拿了也放不到哪里去呀!”

其实怎会没地方放呢? 老太太还有两个女儿，二女儿结婚后定居安徽，大女儿留在河南。大女儿的前夫是个嗜赌嗜酒的无赖，两人生下两儿两女。离婚后，大女儿与一个携一双儿女的男人结婚，又生下一个儿子。如此一来，这对半路夫妻共有七个孩子。现任丈夫不愿照顾她和前夫的那四个孩子，但他们到底还是老太太的亲外孙和亲外孙女。大外孙女一到年龄就成了家，二外孙女则外出打工，剩下的两个外孙年纪还小，得不到照顾，像流浪儿似的。老太太的小儿子和这位福建儿媳妇小两口挣了钱，在县城买了套房子，让正在读高中的两个外孙借宿。逢年过节时，一大家子人齐聚官庄老家，其乐融融。老太太祛除了心病，人也精神了许多。

在柘城的乡村，家家都会做松花蛋，那手艺仿佛打娘胎里带出来似的。几年前，我在三门县城的饭店里打工时，一位姑娘从老家河南带了一兜松花蛋来与我们分享。剥开糠皮，露出金黄透亮的蛋白，咬一口，充满弹性，和我几十年前在外地做生意时买过的手工松花蛋的味道一样，真香啊! 那个高而貌美的姑娘一点也不吝啬，叫我一吃再吃，直到我自己吃得不好意思。现在我来到河南才发

现，这里遍地都是松花蛋，每村都有几户人家做松花蛋，花十元钱就能买到十五六枚。这把我高兴坏了，我打算买两百个寄回台州分赠给亲友。在台州，松花蛋不是没有。我喜欢到处晃悠，曾晃到松花蛋厂，发现那里的蛋竟是用一大锅氨水浸泡制成的，我惊得大吐特吐，从此再也不吃台州产的松花蛋，只可惜糟蹋了那么多好鸭蛋。

我要买两百枚松花蛋，福建儿媳妇一听要这么多，就到大门外向一个短头发的胖“女孩”招手。那“女孩”留着寸头，戴一副宽边眼镜，个子不高，穿着男式宽口短裤，站在马路对面一座平房的侧门前。待那人走近，我才看清是个三十岁出头、眉清目秀的男人，他就是老太太的儿子。

“林子，么哩事?”年轻人问妻子。原来，对面的那座平房也属于他们家，那是当地最大的一家鞋店，从福建省晋江市进货，鞋子又好又便宜。店铺的后面是小两口的起居室和车库，库里有几辆大小不一的电动三轮车。得知我要买两百个蛋，他们十分热情，说自家的刚到货，泥太湿，于是带我去隔壁黄庄村买干壳的，那样可以马上寄出，买好后，又帮我办了代理快递。他们这般细致周到，让我心生久违的感动。

几年前，我去海边看望有钱的亲戚，他家的餐桌上摆

了一盘剥好的松花鹌鹑蛋，美味极了，我一再问他们从哪里买的，亲戚们却讳莫如深。于是，我向这小两口打听松花鹌鹑蛋，他们说本村没有，但县城有，由另一座镇子的人专门加工。这就好比天上掉下个金饼，恰好砸在眼前，我兴奋得想要立刻去寻这美味。天色已晚，我等到不用上课的周日，一大早便骑着他家的电瓶车去镇上的批发部。自古以来，南方人在山的背风一侧或河边平地选址建镇，即使过一万年，小镇也大不到哪里去，人们如住在精巧的绣花鞋中的蚂蚁似的兜兜转转。北方地广而平，官庄村一户人家的馒头店开在自建楼里，加上院落，总面积堪比我家老村里的一片大场圃。宽阔而又灰头土脸的水泥路有三门县城老街的两倍宽，粗犷而奔放，却更显灰蒙蒙的安静。我在村里绕了一大圈，终于到达目的地，幸好借用了电瓶车，若走路，要走到猴年马月哪！批发部的老板是位美人，她问我："姐们儿，你来得这么早，有急事吗？"

原来官庄的人们也过着慢生活，不仅慢，他们习惯过了下午三点才摆摊开市，不知这风俗从何而起。批发部九点半左右开始营业，据说还是近几年由南方传过来的新风气。我说要买松花鹌鹑蛋，她提出一溜网兜，十元钱三十二个，分兜装好。我花五十元买五兜，老板叫我少买

点，吃完再来，并说这玩意儿存放久了会变硬。我坚持要买五兜，拿回学校后天天吃，起初越吃越香，一周过去后稍稍腻味，吃出了石灰碱水的味道，还剩最后一兜，便吃不动了。过了一个多月，又想吃了，剥开发现果然已变得干硬。可我这个打小嗑爆炒蚕豆的湖南人不怕，硬是把石头般的小蛋吃完了。

回浙江过年时，我带了一大包河南的荞麦脆饼、空心芝麻酥、两百个大松花蛋、两百个松花鹌鹑蛋，亲戚邻居挨家挨户地分发，义务宣传河南土特产，甚至想买一台机器来靠做松花蛋过日子。如果以后不画画，我准会以此为业。

官庄村的豆腐非常好吃。在台州，我已有多年不吃水豆腐。台州的水豆腐不是豆腐，全是水，我不说买豆腐，只说买水。三元五角一斤，提在手里走五分钟路到家，水已滴落三两，而且怎么煮都没有味道，还不如吃绿豆芽。而官庄人打出来的金黄的豆腐干可以当腊肉块拿在手里啃！我四处打听了一通，骑电瓶车去镇上。天高地阔的一片大集市，卖豆腐的只有三摊，摊主都是憨男人，校门口小卖部的老板叫我认准那个瘦男人的豆腐摊。我找到他，他的豆腐两元五角一斤，他还卖绿豆芽和黄豆芽。各村的

农民提来十几斤黄豆卖给他，是当地产的小珍珠般溜圆的细黄豆，而台州人都用扁豆大小的黄豆磨浆做豆腐。我向他买十斤水豆腐，他大吃一惊，劝我道："大姐，你买少点，放坏了发酸。"忽然他一拍脑门，说："嘿，你是修马路做饭来的吧！"我连连点头称是。

回到学校时，十斤豆腐也没渗出二两水。我将豆腐切开，在大锅里加盐煮熟，次日置于矮房瓦顶晾晒，夜里收回。河南的阳光干脆而执着，不像南方的海边那样即便在冬天也时常风雨交杂。如此三晒三收，豆腐变成薄薄的香干，咸香冒油，实乃人间美味。我把豆腐干寄给台州的亲友，他们品尝后无不感叹河南这也好，那也好。

我在这摊买了几回豆腐，便和老板熟识。每次去时，我把买来的东西堆在他的摊架下，空手去闲逛。学生们在街上见到我，便高声大叫"王老师"，并告诉家长这是他们的美术老师，还说"这老师最好了"。小孩子就是那么简单，感到一丝快乐就童言无忌地夸你"最好"，其他老师要是听见，该怎么想我这人哪！

这里的人们慢悠悠地拔点萝卜、白菜、大蒜苗，下午吃饱喝足后，挑着担子或推着小车来市集上摆摊。如果未到下午三点，即使有人来买，摊主们也不上心，东一搭西

一搭地闲聊。三点一到，一个个正儿八经地守摊等人来买，大多按三元一捆或五元两捆的价格卖。照这个价格，恐怕一周挣到的钱也比不上我家门口的菜农们一早晨的收入，可他们乐得自在。每个人都摆摊直到天黑，月亮升上天空，太阳能路灯亮起，他们才缓缓地归家。

我去另外两个豆腐摊各买了两回。其中一个摊主是位六十多岁的干瘦老头，他做的豆腐略薄，但更细嫩。他还会做发酵豆豉，每个豆豉捏成驴粪蛋大小的椭球，晒到半干，非常香，两元钱一个，十元钱六个。我给他十元钱，只要五个，他把第六个给我，问我："这第六个不够香吗？"这里的人实诚得有些倔。于是我要了六个，问他可不可以要第七个，他说那得再给两元钱。他年纪大了，家离集市较远，通常在他自己的庄里卖豆腐，偶尔才来这里，一来就售罄，所以我一般情况下见不着他。另一个豆腐摊与这老头的摊点隔马路相望，豆腐打得厚、干且实，买回去放一夜也没渗出一滴水。但它们经盐煮晒干后就变得太硬，没有那种绵软冒油的弹性。所以，小卖部老板对我说的是真话——他们村这个"豆腐张"做的豆腐是官庄最好的豆腐。

时间长了，这位常卖豆腐给我的摊主告诉我，他家

离学校很近，叫我不必大老远地来集市，去他家买更方便。于是我骑电瓶车去他家，可找了几圈也没找到地儿。后来，福建儿媳妇小舒带我去，只有五分钟的路程。太难找了！我这个习惯了南方崎岖山路的人，到了北方却变成“路痴”。无论从哪个方向看去，在这片广袤的平原上，路、树、房子，在我眼里似乎都毫无区别，走进谁家都一样，只是不见那个人。

10
会飞的船

学校的那座葡萄架旁有一排乌桕，我们叫它“白蜡树”，冬天采它的种子做蜡烛。鸟儿非常喜欢吃树上黑色的籽，因为它含油量高，鸟儿吃了能饱腹很久。我整个学期都在捞剩饭渣喂鸟，所以到了深冬还有一大半籽挂在树上。但它是鸟儿的冬日美食，日久便会思念，鸟儿仍时不时地啄食一些。

这一学期，我教孩子们画了十几本书上的人物、花鸟、树林、房屋。我只讲解故事的来龙去脉，并把难点拆开来讲，然后由他们自己去画。大家如鸡鸭吃米似的啄食，我也由此又自我教育了一遍。

伍振华老师他们租住的农舍，我每周末去一次，在那里做好吃的，犒劳自己和大家。

河南物产丰富且便宜，伍老师常买土鸡蛋，水煮给

他的学生们吃，孩子们都吃腻了。我把鸡蛋去壳，对半切开，油炸至蛋白金黄香脆，他们更爱吃。从集市上买回的便宜青菜吃不完，易变质，我用盐搓去汁水，再腌渍三四天，便做成了美味的咸菜。这在多雨的南方很难做成，青菜容易发霉腐坏。

这座农宅的隔壁住着一对老夫妻，儿女全在外地，老两口在家种地养鸡。他们被伍振华几个学生的嬉笑惹得心烦，时不时撑根长竿隔墙敲打瓦顶叫骂，伍老师气得不理他们，并交代我要小心。

有一天，我在伍老师的院子里晒南瓜子，听见邻院传来鸡哀哀的惨叫声。我提上一袋吃剩的包子和饼，飞快地绕过林子跑进隔壁的院子。只见一只鸡的爪子被缠住，另一只无良鸡不停地啄这只受罪的鸡，弄得它鲜血淋漓。幸好我及时赶到，割断绳子救下这只鸡，把它暂时关在高处，给它饼碎和水，生怕我一走开，无良鸡又来置它于死地。

我正要出门时，撞见老夫妻那刚回家的女儿，便告诉她我唐突地跑进她家院子的原因，并把剩下的包子给她用来喂鸡。这家人呵呵一笑，接纳了我。后来我常去那里，因为那家门旁的一道沟里住着好几只刺猬，刺毛灰

白，小爪儿粉红，走路非常迟缓。它们风雨无阻地来与鸡共食，鸡从来不欺负它们，人也从不吝啬。还有啄木鸟，它们如衣冠楚楚的绅士，在家门口、白杨树下从容地行走。我第一次见到这种鸟，便想天天和它们见面。

北方的冬天来得很急。我一直想在这里看黄河，但只见到黄沙平原。

周志轶老师从我在福建学画时起，就隔空关心我多年，这回听我告诉她我在学校教书，她比自己捡到金子还高兴，问我冷不冷。我说真冷，我在南方没穿过厚袄，没盖过厚棉被，在这里全需要。她很快就寄来全套床单被褥，都是用很好的棉料做成的。她和伍振华老师一样，以为我可以在此安顿到老。看来这世上除了我本人曲折复杂，他们都是单纯至极的人哪！

平原上，各家的红薯、玉米收获，剩下的玉米秆用机器割下，捆好送到饲料公司，或卖给芝麻油、花生油压榨坊当燃料。接着，田地里又种了麦子，这一切全由机器完成。壮年男女都去了城市，留在农村没有用武之地。种粮食成本高，不赚钱，但人们又舍不得留着田地不耕种，而种了地家中照样得有人出门挣钱。

初冬还不太冷，麦苗已生机勃勃地冒出，成群的喜鹊

在田间捉虫子。喜鹊们的衣服由灰白和墨绿组成，前面打一块椭圆形补丁，背上又披一块，像统一的军装似的。它们傲慢地从不看我一眼，是不想一睹我这南方人骨小肉瘦的老脸吗？不过话说回来，我们瞧喜鹊全长一个样，喜鹊瞧我们，大抵也都是一路鸟人。

我曾以为在河南的农村能见到古老的青砖房舍，这或许是受我在屏南的所见影响。在千里之遥的闽东山区，那些高而厚实的青砖瓦屋如城堡般坚固，屹立几百年仍如初见。每个氏族的后裔都对自己祖上迁徙的故事倒背如流。不承想到了古老的商丘，却没见到一星半点的古迹，只有二十世纪五六十年代留下的低矮平房，我心中有些遗憾。

秸秆被割尽后，平原露出它原始、赤裸的肌肤，平坦而无垠，高大的泡桐和白杨落尽了叶，呈现在我眼前的，只有白的房子、白的路和白的霜地，哪个方向都差不多。我很怀念南方峰回路转、充满悬念的山岗与河流。

我的身体里有一艘会飞的船，老了仍不安分，渴望飞越虚寂的夜空。

也许明年以后，我不会再来，我心里这么想。

四·前世的故乡

1
郊外的海洼子

我早在多年前就想来北京，原因之一是不想辜负年少时算命先生赠我的一句话：“你尽管踏遍山河。”问他缘由，他说从我头顶的骨相就能看出来。这给了我一生的勇气，我心里没有“害怕”一词，一切都可把握。也不知为何，我想念北京几十年。

不过，我年少时的理想其实是做工程师，这起源于我九岁时一次去三四千米外的供销社买盐的经历。记忆中，我唯一买得起的东西也就是盐了，从五岁时起我便独立完成这个任务。

那时，省政府要在我们乡的南面开挖煤矿，必须在两座小山间建拱桥。这两座小山本为一体，民国时期，依国父孙中山的构想修建通往湘西的铁路，便把这座矮山凿断。这是一条非常重要的铁路，通往云、贵、川、鄂，而

现在要建造的是一座凌驾于铁路之上的小桥。我当然不懂这些，但那一天，我在路上遇到一个戴眼镜、很体面的中年男子，他牵着一个与我年龄相仿的小女孩。女孩长得白净而贵气，穿着我只在连环画上见过的漂亮裙子，向父亲索要一头羊。这是一个在我听来再奇怪不过的问题，因为我虽听说过羊，但这地方压根没人养羊。可是那男人非常温和地一口答应为女儿买一头羊。天哪，世界上原来有这么有钱的人！我想起春天时，我听见爹刨竹子的声音，说："爹啊，这像是在刨甘蔗哪！我想吃！"爹没吱声，低头继续刨，我母亲没好气地大声呵斥道："给你吃我的肉！"

我放慢脚步跟在这对父女身后，听他们的对话。男子回过头来，柔声问我在哪里能买到羊。我不知从哪冒出了个鬼点子，明知没羊，却想起供销社前那一大片平缓起伏的麦地和无垠的田畴，想让他们去走走，看看好风光，于是回答道："绕过那边——那边有羊，不过特别贵。"

"我爸爸是工程师，多少羊都买得起！"女孩的小脸上向我飞来骄傲的神色。

我问："工程师，您来我们这农村做什么呢？"

他极有耐心地指着小山间断裂的垭口，告诉我这里将在三年内建起一座桥，由他设计和指挥施工。我不关心那

座桥，没有它我照样横穿大路，我在意的是平生第一次见到工程师。我心想，给女儿买一头羊都不在话下，那该有多大的本事哪！

因此，我立志长大后当工程师，有了我这样的工程师女儿，就再也没人敢欺辱我丑陋的爹了。也许到那个时候，我要做的第一件事就是给我爹买一头羊！后来，我动手给自己做了一把木头手枪，用红棉绳系住，斜挎在腰间；又做了一把杀鬼子的大刀，提着刀模仿在露天电影里看到的英雄走路的姿态；还在细竹片上烙孔，做成一个全身关节都可活动的人，用细绳一拉，四肢上下翻飞，宛如体育冠军。就这样，我做了很多供自己娱乐的小玩意儿，梦想着走上工程师的道路。当然，现在谁都知道，我离工程师这个职业已经遥不可及。

我回望过去的人生，没实现任何理想，也早就理所当然地什么也不敢做想。几十年过去，我活成“革命职业家”——请注意，并非“职业革命家”——我一直在革自己的命运。穷对我来说绝不是事，我只是一直在自我否定，告诉自己“不该这么活，必须换一种方式”，如此走到下一步，仍然对自己说“不该这么活，必须改变”。《易经》传承了几千年，其“易”本就非“容易”之“易”，而是改变的

意思。我唯有改变，变动！这不就是革自己的命吗？

到了二十岁左右，我自知做不成工程师，便想给自己找个安慰，于是纵观新化历史，发现千余年来鲜有伟人出现，实在无法让人自豪，难怪我不成才，原是这片土地太过平凡了嘛！我又研究了一番我们新化人，嘿嘿，简直是全民“吃货”！男人们撇开女人，在一块儿研究各种美食的烹饪方法。新化人原本以武功高强著称，但没有诞生顶级高手，我想，大概是因为光顾着研究吃的了，武术便沦为第二。可世上哪有人靠一张嘴就能吃出个丰功伟绩呢？顶多吃撑了又长胖。

到了中年，我想，新化人做的各种美食我打小也会做，可以开家小吃店过日子。我年轻时忙于一些稀奇古怪的事，竟让人误以为我是个不会做饭的女人。在我的整个家族中，我的几个姐夫、哥哥、堂兄、表兄，个个是烹饪的好手。新化男人大多如此，这种好事若说给外省人听，人家或许以为新化男人怕老婆，其实真不是。男人嫌女人省佐料、省油盐、不舍得炒大碗肉，因此撸起袖子自己来，再穷的年代他们也要过有酒有肉的日子，而且还真就这么过来了。如今，所有山村都建起了一座座极尽豪华的私宅，人们相互调侃道：“全民土豪地主，谁也打不着谁了。”

我的好几个亲戚靠开饭店赚了大钱，我想开一家小吃店，结果引来哄堂大笑。他们为炒菜的事笑了我几十年，因为我切的肉片连绵不断，我炒青菜炒到六成熟就起锅……后来到了台州，我提出想开小餐馆，丈夫第一个出来反对，说："哪个浙江人敢吃你炒的辣椒？"他不光有嘴上功夫，还身体力行，他炒一盘他吃的菜，我炒一盘我吃的菜，结果我更愿意吃他炒的那盘。过年时，女儿难得回家，她炒了自己的拿手菜，但最后总是我慢慢吃完所有剩菜。

这下你或许要说："明白了，说到底你还是不会炒菜。"但是逢年过节家里宴客，买菜、洗菜、配菜、下锅、上桌，供二十几个人吃的三桌饭菜，我独自一人只需三四个小时就全搞定，菜肴被众人一扫而光，年年如此。这就是我一直想开家小吃店的底气。

二〇一六年年底，我决定第二年春天去杭州学习厨艺，然后开店。但在去杭州之前，我一定要去福建的油画学校看看。我没做成工程师，画画这种艺术家做的事更是轮不到我，我只想神不知鬼不觉地看一回，满足一下好奇心。

我过着物质匮乏的日子，偏偏头脑里充斥着各种思

想，这于我是个比身体更沉重的包袱。我要思考，就如同英国人要说英语。而且我生性古怪，自己的生活堪忧，却操心别人的事，好比一只野生黄鼠狼挨家挨户地在人们的屋檐下徘徊，让世人大跌眼镜，想不明白我究竟怎么回事。

自打我外出学画，村里传起风言风语，乡邻们一再向我丈夫追问。他是个心思纯净的人，愿意相信我，也懂我的性情，但还是硬着头皮来找我。我卖了不少画后才回家，丈夫因听不惯别人说三道四，所以为了面子，在村里及镇上极力宣传他妻子了不起。人们感到非常矛盾，不知该从哪方面评价我，因此一时无话可说。可到了二○一九年上半年，我回到台州，没有画画，更没卖画，而是去县城打工。人们对我的看法又回到原点，在背后议论我，说“秋天的蚱蜢还能跳几寸高”，并教诲我别再异想天开，要正经过日子，仿佛我没有好好过自己的生活似的。

我得离开这里，去遥远而安静的陌生地，去谁也不认识我的地方。

莫名地，我渴望去北京，而如果要去，就不得不靠朋友帮扶。我在福建认识了许多来自北京的画友，但都不相熟，直到冬天，伍振华老师带着他的学生们来到双溪。

我对他有种天然的信任，何况他长了一张带笑的脸，从面相和为人可以看出他性情与我相仿，不是为利益所驱使的人。

他告诉我他家在北京郊区的密云水库附近，我高兴地说那真是个好地方。我打小四处捡报纸看，读上面的所有文字，八九岁时就知道北京密云水库是一项解决了全首都用水问题的伟大工程，想着有朝一日去北京，第一件事就是参观这座水库。可是和他话说得多了，伍老师误以为我喜欢他，我知道后哭笑不得。不过没关系，我喜欢那么多鸟儿，喜欢黄鼠狼，喜欢刺猬，当然也喜欢一个有感情的人。我没有试图解开这个误会，以免弄成“此地无银三百两”，反倒把自己的脸越抹越黑。我本就已经老了，老到分辨不清男女，韶华已付流水，却要为这种事找说辞，到头来弄得连人都不是。如果有人来问，我便索性坐实传言，心境不过就像雨天看雨、秋天观叶。

二〇二〇年，我找不到工作，家无隔夜米，必须去北京谋生。而这时，渡我一程的人，是伍老师的朋友，这就是所谓“团结一切可以团结的力量”。

此人是一位三十岁出头的单亲母亲，河北衡水人，在北京崇文门外的胡同里租住了十几年。我到北京时，她正

为搬家的事焦头烂额，我性情果断，替她拍板，即刻就搬。她叫了一辆搬家的车，我和她当搬运工，十几年来积攒的破桌、旧瓦罐等陈旧家当，零零碎碎地装满了一车，到达三十千米外的目的地，再逐箱卸载，搬进约二十平方米大的新租房，那是一间低矮的民房。

二〇二〇年四月七日，农历三月十五，她三岁的儿子、五十几岁的母亲，还有来借她的地暂栖的我，疲惫不堪地抵达一个叫“海洼子”的地方。这里离皮村只有一站公交的路程，步行只要十分钟。

2
他乡吾乡

昏昏沉沉地睡了一晚，醒来自知身在别人家，赶紧起床下地，抬头见上铺年轻的小琼和她的儿子仍在酣睡。我整理了一下思绪。这张在崇文门那儿拆开，搬到这里又组装起来的一米五宽的双层床，上层睡小琼和她儿子，下层睡她母亲和我。

小琼原与同为衡水人的男友相恋五年，却一直不被男友的母亲和姐妹接纳。第五年，小琼怀孕了，她和男友都很高兴，两人去登记结婚。这惹怒了她未来的婆家，他们轻蔑地挖苦小琼，说：“你就算生下个太子爷，咱家也没打算要你！”小琼终于忍无可忍，勃然大怒地回敬道：“我嫁给谁也没想要嫁进你家。”随后她回到娘家，小琼妈见女儿已近三十岁，便坚持让女儿无论是男孩还是女孩都要生下这个孩子。孩子出生后，两家之间的风言风语从未

停歇。

小琼在北京生活了十几年，在小型家政公司打工，做一阵，歇一阵。她在崇文门外的胡同里租了两间小屋，十年前月租一千八百元，房东体谅她不易，多年来从未涨租。小琼自己住一间，另一间以一千八百元的月租转租给别人，当二房东，就这样享受免费的住房。在有孩子之前，她没有生活压力，挣够自己吃饭的钱就行，只要手头还有钱，便不工作，去玩一阵，享受生活。但有了孩子后，她便手忙脚乱了，一度陷入抑郁。这时，伍振华老师的一位河北朋友带她来找正在河南柘城的伍振华。

伍振华为人正直且善良，接纳了小琼。于是，小琼在她母亲的陪同下，带着孩子来到伍老师租的大农舍。那孩子刚满两岁，长得白净，性格活泼，见人就笑嘻嘻地扑上去叫叔叔、伯伯、阿姨、姐姐、哥哥，像个大开心果似的，很讨人喜欢。只不过，当他单独和其他大人、孩子相处，他习惯于隐忍、退让，而只要外婆和母亲在身边，他就变得傲慢且爱撒娇。

伍振华做的第一件事是让小琼学会烙饼、擀面、炒菜。她花了两个月时间，基本熟悉了这些活，但做得不太好吃。伍振华的学生们宁愿自己动手做饭，也不愿吃小琼

做的饭菜。所以，周日我早早去那备菜时，小琼最开心，因为我做的菜大家愿吃。她学会做饭和照料孩子后，心情好了许多，慢慢走出了抑郁。

我离开河南柘城前，小琼母子早已回北京，她母亲回了河北。我打算在回浙江的途中去一趟湖北襄阳，因为那里是米芾的故乡。米芾痴迷于石，我也生性爱石；他见丑石便拜，我亦曾在无人时向顽劣丑石絮絮叨叨地说一大堆话，我坚定地相信所有石头都能毫无障碍地理解我说的所有话。襄阳还有一家规模很大的石市，此次去襄阳，必如同去见米芾。可是女儿一听说我想去湖北，就劝我务必直接回台州，并替我买好了高铁票。就这样，我在腊月初回到台州。

我一回家就赶紧找了家饭店打工，洗菜切菜，挣钱过年。我丈夫在家又欠了近一万元的债，我挣到钱一分也舍不得花，直接拿来还债。

然而，一过完年，原定于正月初六开始营业的饭店却开不了门！

河南的学校让我在家等通知，不知到底何时才能复课。我丈夫高兴坏了，因为这下我没办法再逼他去做工养活自己了。他天天睡了吃，吃了睡，而我只能干着急。

对我来说，失业就要面临挨饿，在这样一个小康社会，说这话或许没人信，可事实如此。但同时我也有着小康家境，有房有车，再退一步，如果这一生挣的钱仅用来养活自己，那么我手里应有二十几万余钱。然而，挣来的钱顺着各个用途滚滚流走，而且还有一个专业“挖坑”的丈夫，这个人还是我“白天打灯笼”才找到的，否则我早就成女光棍了。多少年过去，不管付出多少努力，都还是两手空空。这样的生活对我而言是那么痛苦，但能使旁观者高兴。每逢春节，外出经商和务工的村民们归来集结，他们嘴巴一努，拿自己和我家那垫底的男人一对比，便无忧地笑了。我到了这个岁数，与黄公望同住在一朵云里，只当用苦难给灵魂缝铠甲，以此渡过人生的死海。

此时，无论如何，我都得走出去。我决定去北京，赶紧和小琼联系，告诉她我的情况。我必须找到工作，我想，在北京一定比在其他城市更有机会。

小琼姓游，一家人性格大大咧咧，十分善良。之前在河南时，她对我的事有所了解，现在我恳请她让我去她那儿，留我短暂地落个脚，我找到工作就离开，并且付她房费，不会给她添任何麻烦，她二话没说就答应了。我已穷到连路费都负担不起，让女儿帮我买了张火车票，“哐当

哐当”地去了北京。事实上，后来游小琼母女硬是没收我一分钱，而且帮忙帮到底，我真的非常感谢她们。

人到中年，我常对自己苦笑，生性不看重钱却偏偏疲于挣那几个钱，那么渴望读书却总抽不出读书的空闲，仿佛一直有一只看不见的手，把我逼得狗急跳墙。我只是想过简单、平凡的生活，可背后总有一根长鞭抽打我，让我无法在一个地方待下去。此前，我想过各种来北京的方式，哪怕只是看看天安门广场也好。我听说故宫的门票价格为六百元，老天，那对我来说可是一笔省不出来的巨款！来北京两年后，一档节目的团队买了门票带我参观故宫，我才知道票价是六十元，这是后话。

原来，是我把北京想得太神秘，以至于我虽有不被苦难压倒的豪迈性格，却没胆量独自前来。

3
搬家

那天早上七点多，我到达北京西站，走路至小琼住的胡同附近，但等了一个多小时也没见她人。我坐了那么久的火车，已非常疲惫，只想找个地方睡一觉。四月的北京已很温暖，满城灿烂的阳光，照耀着白杨树闪烁的嫩叶。风很大，“哗哗”地从这条街扫到那条街，又“呼啦”一声从头顶扫回来。

终于，小琼的母亲牵着小琼两岁半的儿子悠悠走来，那孩子挣脱外婆的手，叫着“王老师好”，飞扑过来。我很惭愧，没有礼物可以送他。

小琼的母亲比我大一岁，但白发很多，原本是很爱笑的人，现在常年苦着脸，母女俩的脸如同用复印机复制而成的。她无力地对我挤出勉强而苍老的笑容，伸手帮我拉

箱子。箱子很重，我带了一箱书和一台电磁炉。这台电磁炉是我在福建屏南学画时女儿买给我做饭、烧水用的，家里用不上，我便带到北京来了。我把这炉子养护得很好，但来北京后才发现，人们直接用电锅做饭、炒菜、炖汤、烙饼……一口锅用法齐全，锅就是灶，灶在锅里。所以这台电磁炉派不上用场，但小琼家恰好爱用电磁炉，后来我便把炉子留给了她。

小胡同七拐八折，道路狭窄而干净。我们走了很久，拐过了几道弯，才到达她们租住地的入口。

胡同里，很多人没去上班，三三两两地在门边、屋里叽叽咕咕地小声说话，仿佛一大群鸽子。简易而参差的房门十分窄小，若两人在门框处相遇，其中一人需要侧身。房间里很暗，白天也开着灯，租户密集地生活在里面。这些房子是那么低矮、简陋，伸手就能够着屋檐。在北京生活了一年后，我明白了，这是因为北京风大、多尘且冷，低矮的小房子易于保暖，人们挤在一起，心也连在一块儿，就觉得暖和了。而南方湿热，人们更喜欢住在高处。禅宗六祖虽是中原人的后代，但他生于岭南，住在寮上，因此中原人称他为“寮仔”“乡寮”。

若没有发生意外，小琼能以一千八百元的月租在这里

一直住下去，可是戏剧突然上演，简直是充满悲情的独幕剧。

有太多进京谋生的人原本只是擦肩而过，在忙碌中点点头露出陌生的微笑，下一秒就已各奔东西，但这回，时间突然刹车，一切静止。小琼妈每年都会来此小住，她习惯唠嗑，且嗓门大，在北京也如在河北老家。这会儿时光倒流，胡同里的男女在门口晒太阳，她走向陌生人，开始夸耀自己的女儿小琼有头脑、有能耐，如何免费住了十几年的房子，有时甚至还能赚些钱。她还宣讲她本人非常正义，坚定地支持女儿独自生下并抚养这个宝贝外孙。

当时，小琼因为缺钱，在自己住的这间小屋里添了个床位，低价租给一位暂时没有工作的外省女孩。这女孩白天起得晚，小琼妈嫌她碍事，不方便自己和小外孙玩耍，居然骂女孩“没眼力见”“没教养”。女孩忍无可忍，要求她退还剩下的房租，小琼妈却说：“我只是在教育你，没赶你走，你自己要搬走的话，我凭什么退钱给你？”两人争吵了两次，女孩最终伤心地离去。

还发生了另外一件事。由于幼儿园开不了学，孩子们全留在胡同里，邻家的几个孩子和小琼的儿子结伴玩耍。

其中一个男孩对着小琼门外的两盆花撒过几回尿，被小琼妈看见了，小琼妈找上那对年轻父母，骂他们养了个没教养的野孩子。小琼的前任男友和他的现任也租住在这条胡同子里，这个孩子的父亲见过他几回，这下被骂急了，回敬道：“你家养的才真是野小子哪！亲爹是谁？都没人来认呢！”

只此一句，方才骂得理直气壮的小琼妈哭天抢地地闹开来，要人家拿出证据，搅得几条小巷里的人都听见了。她纠缠那对年轻夫妻，要他们向自己赔礼道歉，结果对方叫来了警察。警察把车停在胡同外，打电话给房东。房东过年前去了南方某市享受暖风，现在回不了北京，打发在京的侄子来通知小琼搬走，三天之内滚蛋。

小琼那段时间正在寻找出路，她一直苦于母亲的性情，不敢让母亲带孩子，听到这炸雷般的消息，霎时间内心拔凉。可事情已一发不可收拾，小琼只能请房东宽限几日，最终答应在半个月内搬走，接着她便到处找房子。这年头，在北京二环内的任何一条胡同里，想以如此低廉的价格租到这么大的房子都绝无可能。我到时，小琼正为搬家的事苦恼不已。她告诉我前因后果，并说已在郊外的一座农庄里找到一间小屋，月租六百元，只

是搬家工人收费太高，两个工人一共要七百元，另外还需车费八百元。

我替她决定，就今天，就现在，叫车来搬家，搬运工就是她和我！小琼打电话把车费砍到六百元，并要求司机帮忙装卸。大概因为司机实在没生意，双方啰唆了近四十分钟，司机答应了下来。

那段时间，所有人都“歇菜”了，胡同里大大小小的电动三轮车、小平板车多的是，全都闲置。我挨家挨户去借，心想如果有车，我独自一人就能搞定。可是，整条胡同的人们脸上都露出送别别里科夫一般的窃喜，对我说：“不借，坚决不借！”有人好心地告诉我：“如果是你，即使再陌生，我也会借车给你，不仅借车，还会出手帮你。但是这老货搬家，就是不借！”

我很无奈，只好义无反顾地提着、扛着大包小包在长长的胡同里来回奔驰。由于餐馆一律停业，我从昨晚到现在没吃一口饭，饿得前胸贴后背，头脑发昏，腿脚发虚，眼冒金星。一胡同的人旁观也就罢了，小琼妈牵着外孙远远地站着观望，不动一根手指头。油盐酱醋米面等食品占了小半车，上面还贴着标签，是伍振华老师的团队解散后剩下来送给小琼的。小琼的母亲一见这堆东西被搬离屋

子，暂时堆放在胡同边，就携孙子来看守，反复清点，口中念叨：“别让人拎走了。”

我累得虚汗直淌，两条腿仿佛成了别人的。我和司机抬冰箱上车时，冰箱上层的门轻飘飘地打开了，在移动中撞上倒悬的车门，一声不吭地断了。我很惭愧，对小琼说要等找到工作、领到工资后才能赔偿她，新买一台同等容量的冰箱要花一千五百元左右。小琼是通情达理之人，当场说不要赔偿，并把破冰箱以二十元的价格卖给了恰巧经过的收废品的人。然而，没等我收到工资去赔偿，小琼母女早已为一件小事与我断绝往来，这是后话。

终于，一辆中等大小的货车被装得满满当当。我不禁想，要是再来十个我，一个中队的鬼子也早已被收拾干净。小琼在北京的十几年青春留下的这一堆旧物，乘货车离开胡同，母子俩搭乘货车，我的行李箱也扔在车上。小琼妈和我步行去地铁站，先乘地铁，再换乘公交车，到达海洼子那儿一座叫凡实的农庄。接着又是两小时的忙碌，我们把东西搬进了约二十平方米大的出租屋。

终于，在黄昏，在北京的郊外，我吃上了小琼妈做的简单饭菜。这时候，任何能填饱肚子的食物都是美味佳肴。

小屋对面是农庄的公用洗衣、洗菜房，有热水。趁天黑没人，我关上门囫囵地冲洗身体。小琼把一米五宽的双层木床安装完毕，我们四人倒头便沉沉睡去。

4
凡实农庄

四月八日天刚亮，我早早起床，推门出去，又轻手轻脚地关上门。没有那么多建筑物阻挡，郊外的风更大，这门被风摇出一条缝，虽然包了布，但在夜间犹如一面纸鼓，“呼啦呼啦”地响。

我走到外面查看环境。这里是凡实农庄，昨天从大门进来时，我见门楣上挂着这名字。走进大门，迎面就是十几棵海棠树，此时正开得白到炫目。树下种着深红的月季，由于院子里暖和，花蕾已快要长成。

海棠树有三米多高，树冠散开，直径也有三米多，互相挨着，树荫下飞了一地月白的花瓣，浅绿的新叶开始从花底冒芽。树旁有个铁笼，里面养了两只孔雀、一只火鸡、两只彩山鸡，上层的铁笼里养着鸽子。

靠东西两墙的盒子式小屋里都住着租户，有做小本生

意的，也有上班的，大家里里外外地奔波。

住在近门小屋的一对夫妻不知从哪里进购了土鸡蛋，装在电动三轮车上，每天出门前先在大院里卖上一阵子，住户们大多就近去他们家买。铁笼旁的小路通往垃圾房，整座农庄产生的垃圾都在夜里投入炉中焚烧。小琼租的小屋位于一排长长的平房的尽头，和垃圾房只有一墙之隔。

阳光暖暖地照在屋前小院的空地上。我穿过院子去洗衣房洗漱，把牙刷、杯具放在窗边的木格子敞柜中，把毛巾用衣架挂在一角，又将昨天穿的衣服洗净，挂在院子里晾衣服用的铁丝上。

洗衣房的旁边是农庄的修理屋，电锯、电焊机齐全，一个五十岁左右的河北男人一大早便在那里捣鼓一些急用的物什。农庄由平行的两长溜矮房组成，中间的空地旁种满月季、紫藤，花下种着一畦又一畦绿油油的菜，环境很好。在排屋尽头拐角处的围墙边，有三间相连的小平房，里面住着一位年老的美人，一问竟与我同年出生，但岁月忘了在她身上留下印记。她肤白唇红，长发染成金红色，五官精致，身材秀巧如江南人，一条薄丝巾斜斜地在颈上系成一个蝴蝶结。她姓赵，石家庄人，是老板娘的堂姐，

她的儿子、儿媳和孙子都免费住在这里。农庄里所有的菜地、花圃，全由她负责浇灌、施肥和修剪，老板娘的房间也归她打扫。她告诉我，自己患有腰椎病。

从那儿的墙根往东拐，穿过一截短巷，便进入一座小瓮城似的园中园。那是一栋宽敞、高大的两层长屋，每层有近十个大房间，有独立的围墙将其与院落中的小屋隔开，但围墙的四面都有大门。瓮墙内，天井宽阔，两厢是宽敞的平房，呈四合院式。这是农庄主孙式凡一家人自己居住和接待亲友之地。穿过四合院东面的门，便到了前面提到的凡实农庄大门内，又见那一大片云山般的白色花景。

农庄西面的围墙外有一条乡间马路，修围墙时为了给道路腾地方，墙向庄内退进。孙式凡不想白白吃亏，于是在马路边又建了一排盒子式的小平房。那里交通便利，因此全部租了出去，有的人家养小狗，有的笼养三两只鸡。

小琼住的这一排房子从前是家具厂的车间兼职工公共浴室和食堂。孙式凡三十五六岁时开了家具厂，赶在亏损前果断收手，卖掉设备，将厂区改建成农庄出租。

小琼家前面那一长排平房前有更宽阔的院子和花圃，种着紫荆、紫藤、梧桐、旱莲。那里的租户多为家住市

区、有闲钱、爱幽静的女子，她们交着租金却不常住，神出鬼没，没人知道谁何时来了，谁何时走了。

孙式凡是东北人，五十一二岁，中等身材，是家里三兄弟中的大哥。他的母亲二十八岁时守寡，当时孙式凡十一岁，两个弟弟尚幼，一家四口生活无着。孙母是个颇有胆识的女人，决定上京，母子四人一路逃票、乞讨，来到了北京郊外，熬过了多少苦难可想而知。孙式凡十三岁开始跟着建筑包工头干活，后来又学了木工，并送两个弟弟读完初中和高中。他自己只在父亲去世前上了五年学，学到的知识够他用一辈子了。孙式凡二十几岁时与一个河北女人结婚，生了一双儿女。但或许是因为他忙于孝敬母亲、抚养弟弟，没能顾及妻子儿女，三十岁出头时，妻子带着孩子们离他而去。后来，他租地开家具厂，恰好赶上北京高速发展，他挣到第一桶金后就买下了这块地的使用权。

次日中午，小琼的母亲做好饭菜，我们一起吃。河北人爱吃面食，幸好我在河南已适应这种饮食习惯，而且小琼妈做包子、油饼的手艺很好，韭菜包子香甜可口。吃饱后，我们四人步行去皮村的超市买东西。那里有很多店铺和工厂，我去询问是否有正在招工的，得知农庄东面马路

对面的沙发厂就在招工，但只要男人。小琼的姑姑和姑丈在皮村外租房打工，姑姑已多年没回河北，也没和小琼一家联系。这回，小琼想让母亲找工作，便给姑姑打电话，并说想去看望她。但姑姑在去做钟点工的路上，只说工作的事不难，过几天就回消息。

北京郊区的马路非常宽。皮村村口大广场外侧有座不小的圆形花园，红的、黄的花都开了。海洼子过去是一片麦地，这里有条水沟和一片巨大的蓄水塘，所以才得此名。这或许是水源稀缺地的人们惯用的命名方式，例如：市区的北海公园，听上去像是一片无比辽阔的水域，可到那儿亲眼一看，大小就和我们那儿农村的小水库差不多，不禁哑然失笑。近年来，海洼子周边的地区已被开发殆尽，只剩一片小池塘，水也很浅，但四周的杨柳树干粗壮，细枝飘舞。

小琼妈今天很开心，笑容满面，告诉我以前春天缺粮，人们便摘嫩柳叶用来做窝窝头，很好吃。于是我们摘了些柳叶带回去焯水，她做成凉拌菜，清香中带着几丝苦味，非常美味。

我打算第二天就去市区找工作。小琼以前在家政公司干过，帮我找了位开家政公司的女人咨询，对方说上门干

活有年龄要求，五十二岁以下较为合适，因为人们会嫌岁数大的人干活不利索，我因此打消了做家政的念头。饭店的洗碗工没有年龄限制，但需要健康证。小琼妈以前办过健康证，便提出转天带我去办，她自己也要重新办一张。

下午，我们敞开大门坐在门口，一名老男人从门口经过时停下来，小琼热情地对他打招呼，男人叫小琼明天去给他妻子按摩。小琼学习过按摩技术，在河南时就有好多人找她按摩，全部免费，听这男人的语气，应该也是免费的。我不明白她为何学了手艺却不找家店上班。她告诉我，她在老家村里装修了店面，但没顾客。一位愿意资助她的人替她出了装修费，但小琼说还钱与她没关系，因为那位好心女人是自愿投资的，不算借。

老男人走出几步又回过头，问小琼我是谁。小琼满面笑容地对他说："这是王老师，画画很好，学校开不了学，所以来北京找工作。"那男人说："这容易，但要先在我的农庄里做几天义工。"

他刚走，小琼告诉我这就是孙式凡，又对我讲述了他的故事。方才他亲口请她明天去给他妻子按摩，她们母女俩都感到很有面子。我问小琼："孙式凡问你，你说我是你的朋友便可，为什么要提别的事呢？"小琼解释道："他

是老板，没准一高兴就请你去画画呢？到时候我在旁边说两句，让他给你钱。”我不禁发笑，那孙式凡虽看上去和善，但眼里分明闪着铜板和银锭的光，怎会舍得花钱来买我这个陌生人的画呢？直接给他画人民币，他没准会高兴。

住在这里的装修工王师傅、修理工老梁和两个在饭店上班的女人都没活干。我来这才一天，孙式凡马上叫我们去做义工，修补屋顶、山墙，改造窗户，刷地板。我决定为了小琼的面子去干一天，找工作的事暂时推迟。

次日早上，孙式凡来点名小琼妈也去做义工。于是，我们吃了早饭便来到他住的大四合院楼下，跟着王师傅行动，孙式凡妻子的堂姐赵美人也被叫来干活。孙式凡劳作了一生，养成闲不住的习惯，早已和好水泥，提着瓦桶带头抹墙。看来，他不仅仅是木匠出身，还是泥水瓦工多面手。

孙式凡手头工作不停，眼睛、嘴巴也没闲着。他可没把我们这群杂牌军当义工，倒像是提前付了三倍工钱，叫唤这人，又支使那人，比《半夜鸡叫》里的周扒皮厉害多了。

劳累了一天，赵美人的腰椎病犯了，说明天不来了，果然第二天她就跑出了农庄。小琼的母亲干了一天也不再

去了。我和她第三天一早出门去市区的一家私立医院办健康证，下午一回来，孙式凡就来喊人干活，小琼说她母亲患病，不能干活，孙式凡不好意思强逼，我则跑不掉了。我心想，赶紧找份工作离开便是，于是又陆续干了两天。孙式凡打发厨师来叫我去公共食堂吃饭，并且叫我留在他家食堂做饭炒菜，月薪一千二百元，包吃住。我当场拒绝，告诉他这点工资没门。第二天，他又打发人来对我说："工资一千八百元如何？孙老板见你干活麻利不偷懒，看得起你才愿要你。而且这工作轻松，不就是做十来个人吃的饭吗？"

"我不会做饭。"我说。

这下，那几个人的脸色很难看。我突然明白了，几十年前孙式凡的前妻决绝地带着孩子离开，绝非因为嫌他当年穷，而是因为他只要利益，没有人情，连妻子也不会放过，尽管也许没有打闹，但也逼得对方无法喘息。

5
寄人篱下

小琼的房间里只有一块插排，做饭、烧水，以及她用电脑都靠这块插排。我的手机没地方充电，对面水房的墙上有插座，我便趁早晚无人时在那里充电。

在这样一座小农庄里，小琼看上去很轻松。她拿着一根小鞭子跟在儿子后面，不准儿子玩泥巴，不准儿子掐花，不准儿子逗弄花下的虫，不准儿子和赵美人的孙子玩，反而在儿子的背上挂了个小学习机，二十四小时播放各种知识。我真想劝一声，听千句空洞的话语也比不上动手实践一回，但终究没说，因为这几天小琼已狠狠地和她母亲吵过几回。

那天小琼在洗衣服，她母亲牵着外孙去海棠园和陌生女人闲聊，小琼立马追过去，就听见母亲正口无遮拦地说这外孙是如何靠她才来到世间的。小琼大喊：“妈，锅烧

坏了!”冲过去拉她回家，铁青着脸责骂了她一顿，但母亲不以为然，一声不吭。小琼妈非常爱小外孙，毕竟是她坚持迎接这个小生命的到来，其中的美好若不宣讲，外人无从了解。女儿和她争吵又如何呢?血浓于水，不可分割。

事后，小琼对我说，一定得让她母亲去上班，否则在这里住久了又要生事。“唉,”她长叹一声，“我妈太没用，还是老爸好啊！我爸爸在建筑队当泥水工，每月给我和孩子两千元饭钱。”我大吃一惊，一个三十几岁、四肢健全的年轻人，竟忍心吸食六十岁老父亲的血汗而自己不挣一分钱。小琼几乎每两天就网购一件衣服，成了瘾似的，搬了五箱衣服到农庄，老家还有好几箱，母女俩看着这些衣服时，脸上露出幸福且充满成就感的笑容。

没过几天，小琼儿子的亲生父亲来了。他是一个瘦高、黑黄、长相普通的青年，年龄和她差不多，戴着一副眼镜。两人先前登记结婚，分手后并没有办离婚手续。他们之间并没有矛盾，全因父母阻拦，因为男方有张本科文凭，而小琼是职高毕业，尽管毕业证上写的是“大学专科”。男方母亲嫌小琼不如儿子有文化，更何况家里也没有钱。这对苦命鸳鸯就这样合不拢也扯不开，时不时地见一次面。两人在房里说了一小时的悄悄话，男人告辞，小

琼不冷不热地送他到门口，孩子高兴地和爸爸说再见。

我问小琼：“他有没有带什么礼物？”小琼说：“给我两百元钱，给儿子五根香蕉、两个苹果。”我有些诧异，小琼又解释道：“他现在没钱，前年被车撞伤了脾，然后做手术切除了脾脏，所以身体状况很差，没能力正常工作。”

此时，他俩那生得白白净净的儿子正津津有味地吃一个削好的苹果，并快乐地告诉我这是他爸爸买的。“王老师，我爸爸很有钱，有很多很多的钱！”孩子又蹦又跳道。

为了方便找工作，我请小琼在我手机上下载、注册求职软件，她操作起来很娴熟，几分钟就完成了。小琼的姑姑帮忙在五里桥找了份大厦保洁的活，月薪三千元，每天工作八小时。小琼妈很想让我和她一起去，并提出两个人在农庄里再租一个房间，相互照应。我和她一起去五里桥查看，那里五一劳动节才开工，三栋二十几层高的大厦建好已有多年，却空空如也，没有公司入驻。前一家保洁公司因亏本而离去，新的保洁公司负责维持几栋空楼的卫生。由于没有租金收入，保洁员肯定只能拿最低工资，我才不去。只靠三千元的月薪在北京生存，比喝西北风更痛苦。我委婉地说，市里的工作机会比郊区更多，五里桥这

儿还没开工，我打算先去市里找找机会。小琼妈很失落，这不奇怪，很多人不爱孤独，希望走到哪里都有共穿一条裤子的人，我是个例外。

6

昏糊的太阳

北京朝阳区面积很大，从皮村前面的海洼子坐公交车约一个小时才到达将台路一带，沿途除了高大的建筑、宽阔的公路，少有行人。这与我想象的完全不同，此前我一直以为北京处处人潮拥挤，走路得从夹缝里钻过。

北京的春天风大，扬起的细尘动不动就把天空遮得一片迷蒙。在内陆，这样的情景预示降雨，可北京的春天无雨且干燥，我往脸上搽防裂霜，才使皮肤免于干裂。

朝阳公园和将台路之间的一段路正在施工，从地底挖出大量泥土，用大卡车拉走，路边卷起黄沙，白杨树上结了厚厚的尘土，使我想起我年少时的老家新化。那时，马路上简单地铺着一些碎石子，车经过时，灰尘如烟雾般扬起，袅袅飘浮在低空，路边的水田、树木、房屋都昏厥似的蒙上了尘土。

九十年代中期，农村的马路陆续铺上沥青、柏油，那种尘土飞扬的情景已然少见，此刻再次见到，思绪转瞬飞回从前。我固执地认定这里不是北京，而是我记忆中故乡新化的农村。或者说，北京朴素的城区就像乡村，偶尔露出一角暮色深沉的围墙和一片爬满黑苔的瓦顶。

沧桑的古迹积淀了无数人情感的力量。飞速发展的城市让我的思绪来不及找到方向，但当我把它看作旧日故乡的飞尘，心里顿时舒坦许多。我在将台路口下车，路上少有行人。一些仍在施工的空地外用三四米高的简易板墙遮挡，上面画着乡村风景和人物，看得我哑然失笑。

我幼年时，乡民们大多不识字，他们用柴灶里烧剩的木炭棒在树上或土墙上画杠，用来计数。我学会了，但嫌单调的杠不好看，便自己找了几条好炭，在家里的木板墙、木门上画男人、女人、麻子狗，又在树干的光滑处画鸡和鸟，村里男女路过时都停下来看一阵子，然后哈哈大笑，可把我得意坏了。

我的邻居布婆最喜欢往我家跑，一天起码来三趟。她见我想要画出男人立定撒尿的样子，便替我画了一条弧线，表示尿流向地面。她对着我母亲重点讲解了一番，包括我最小的姐姐在内，几个人全笑得弯腰弓背，眼泪直

流。这对我无疑是十足的鼓励。没过几天，我趁布婆外出去孙家坝打猪草，手脚麻利地在她家土房的墙上、门上、廊柱上画满了鸡、狗、男人、女人、挖地的、挑大粪的。她家的房子是新房，比我家那纹理凹陷的木板好画多了。从一旁经过的人都偷乐着不吱声。布婆下午回来，还没进家门，就飞奔到我家，又好气又好笑地向我妈告状，这种木炭画擦不掉、洗不掉，不擦还好，一抹就糊成一片，留着反而好看。这回，不单我母亲和我姐姐幸灾乐祸地笑到死去活来，村里的男男女女也专程来布婆家看笑话。当然，我母亲笑够后，抽了我一顿碎鞭，让我记住乱涂乱画是万万不可的，我从此再也没有涂鸦。

后来，我哥哥借来一本杂志，封底上是一幅日本画家画的树，题为《冬》。暗银色的背景下，一棵叶已落尽的高大的树浑身灰白，从树干到枝杈，再到细密的顶梢，生命昂扬地伸向天空，画面上不见一点霜雪，天空中似满非满的明月昏蒙地照耀。那时我大约九岁，视此画为天物，仔细揣摩每一处细节，怎么也想不出画家是如何画得这么极致。这幅画影响了我一辈子，几十年来我反复想起它。

再后来，我读湖南的少年类杂志，上面刊登了新化九中一名学生画的晨跑图，画中父亲带女儿晨跑，身后还跟

着一条又跑又跳的灰狗，路旁有树和田地。我随即去问我的老师，因为九中离我们那儿很近，那里的很多老师都是我们乡的人，大人们互相认识。老师说，这个学生的父亲是九中的美术和历史老师。我那时多么羡慕人家有那么好的爸爸！

此时已是农历三月，南方早已热得近乎入夏，北京仍乍暖还寒，很多树光秃秃的，尚未长出新芽，伸着灰黑色的枝条。我想起古人画的水墨山水画，大多只表现树的遒劲，仅有枝干而无绿叶。我一度怀疑，中国古代的画家是不会画树吗？或是找不到能够表现各种绿色的颜料？如今走在北京街头，我顿时明白了，北方的树在一年里无叶的时间比有叶的时间还要长哪！几个月后，我去了怀柔的农村，这一特点更是一目了然。北京市区的树靠人工浇灌才枝繁叶茂，而到了怀柔，由于缺水，山上的树木即便到了六月也只生出稀疏的叶。而在南方，很多树终年浓绿成荫，只有少数树木在秋冬落叶。

我按照求职软件上的一则招聘广告提供的地址，从将台路坐公交车到酒仙桥的一座大厦，上到八楼，有一个自称姓严的女人说会给我找活干。我到得太早，来了才发现这里原来是家中介公司。有一个妆浓得看不清庐山真面目

的中年女人自称“某老师”，让我进去坐着等姓严的女人，她则和一位来找工作的客户洽谈。

我隔着两张桌子看那名客户，那是一个三十几岁的陕西女人，经老乡介绍，来北京为某户人家照顾一个七岁多的儿子并做家务，月薪四千元。主人待她不错，但她替主人遛狗时，在小区里遇见别人家的保姆，在闲聊中得知人家月薪六七千元，才知自己上当受骗，只拿到一般保姆一半的工资。于是她隐忍下来，待领到第一个月的工资就辞职，拉着行李箱来到这家中介公司。那名“老师”告诉陕西女人，来这里要先交钱培训。女人掏出她在陕西获得的几本证书，那“老师”一口否定，说外省的证书在北京不管用，只有北京的才会被承认，又安慰她道，培训花的这点钱，到时候会狠狠地赚回来，指不定就能找到一份月薪万元的工作，主人还送吃送穿，很容易就发财了。

陕西女人捏着口袋，说自己手头只有四千元工资，家里年幼的儿子还在等她寄钱抚养，自己接下来吃饭也没着落，又问能否只交三千元。“某老师”哄骗道：“你把钱全给我，不够的学费我借给你，生活费我也借你，等你找到工作，欠的钱从第一个月的工资里扣，这样你省心省事。”简直把自己夸成了活菩萨。

二十几分钟后，那个严姓女人来了。她坐下后先打了一通电话，电话那头也是一个外省来的女人，同样证书齐全，严也全盘否定，说必须来这里交五千元，上课学习，再领新证。打完电话后，她招手叫我过去，问我年龄，接着就让我交钱学习。我问她能帮我找到什么样的工作，她说我年龄大，不仅要交更多学费——因为人老了学得慢，而且不一定找得到工作。

“既然如此，我早就告诉过你我的年龄，你还叫我来干什么?”我问她，又揶揄道，“我有外省的大专毕业文凭，也需要在北京重考吗?”她绕过这个话题，叫我上楼试听“专家”课程，并说:“你没听过的。”我不顾她的拉扯，转身离开。还“专家”呢!

真是赤裸裸的骗局!我想起在福建时，不少女人涌去北京听一个所谓“心想成老师”的课，一节课学费一千元，听的课越多，成功得越快。有人一连十几天每天听一课，外加差旅、伙食费用，进京一趟两三万元打了水漂。但没关系，因为此后，凡事只要心里想着，成功就会从天而降。一位来自内蒙古乡村的画友卖了家里仅有的一群羊，凑够一万多元，去北京听“心想成”的课，回到双溪时，脸红得像打了鸡血，对我说自己从此不愁没好运了，

以后随便画什么都能卖大价钱——只要心里想着，成功马上抵达。实在是可悲又可笑。

人世间的糊涂混账东西，我若不是亲眼所见，万万不敢相信。

那时，北京三环的街头一片萧条，所有饭店、宾馆歇业，很多大厦里的中小型公司在一夜之间搬离。

这已是我在北京的第七天，除了在农庄做义工的三天，找工作花了四天时间。虽然失望，但这里是北京，是首都，我坚信能好起来，能在此活下去。

我回到海洼子，把骗局的事告诉小琼。求职软件是她帮我下载的，等于是她帮我打开了找工作的门路，况且她自己曾在家政公司打工，凡是她认定的东西都不会有错，那一定是我错了。于是她悠然而不屑地说："你怎么这么倒霉，那么多天都没找到工作。换成我，十份工作都找到了，但我就是有不靠工作生存的能力。"

我说："我到北京才七天，不怕。"谁知这激起了她的不满，她误以为我赖着她的房子，故意磨蹭，不去找工作。于是她顿了顿，严肃地说："你为什么要用水房的插座充电？你以为这是小事，往大了说是偷窃。那是人家的电，你只有在我房间里充电，由我付电费，才是名正言顺

的。你这么做，以后孙式凡追究起来，会说我带了个行为不检点的人。”

“我不在那里充电就是了。”我说，但没有反诘她在水房用吹风机的事。

“这也不行。”小琼说。

于是我说：“那孙式凡抓我去干了好几天的苦力，那工钱值他多少电了。”

“不是这样子！”小琼气得脸都涨了起来。平日里责怪自己母亲时，小琼总是气得咬牙切齿，对我还是克制了许多。但那毕竟是她母亲，被骂过后，当妈的又帮女儿把洗屁股的水、洗脚的水一盆一盆地端到水房倒掉。

“王老师，”她叫我一声以表示强调，“一码归一码，你这么做是占人家的便宜，损阴德！”

她母亲怕我没听懂，好心好意地补充道：“贪小便宜损福报！”

我不禁腹诽，她们凭空得来的是天降福报，而我则相反。

第九天，我在三环找到了一份在大厦里打扫楼层的工作，又过了五天，我便离开她家，去公司上班了。

关于我在水房插座上充电被定性为占便宜损福报，小

琼和她母亲把这事告诉了我们许多共同的朋友，当然包括已不来往的伍振华老师。我起初并不知情，在三元桥工作一个月后，有几个朋友特意发微信来告诫我，不可以再去小琼家，那样影响不好，我琢磨出来了。

我和小琼妈约好星期天去她们那里取回当时没能一次性带走的行李箱。她们留我吃了午饭，但全程冷漠，没怎么搭理我。离开时，我用手机给她们转账，支付那半个月在她们家的花销，母女俩坚决不收。

7

费家村

在朝阳区将台地铁站旁，有一个较大的公交站。我对北京有一种天然的亲切感，一是因为街上的行人着装、面容都很朴素，二是因为人们的脸上流露出宽厚而悠闲的神情，全是过日子的表情，而不是火急火燎地奔波在路上，又似乎从来没搞懂自己在寻找什么。楼房并不太高，路边的树木和宽广的公园将楼群分隔开，留出任人放飞心绪的天空。而在我南方的家，哪怕只是一座县城，楼房也建得高而拥挤，我总是要仰头，仰头，才能看到天空。在北京，即便到了二环，走在街上用余光扫去，也随时能看见垂在树叶间的天色，使我心安。

我一生迷恋并怀念乡村风光，北京的建筑上那些灰头土脸的痕迹，让我质朴地认为它就是一个巨大的乡村。这种奇妙的感受说出来怕北京土著们会气坏，可你生什么气

呢？伦敦不也只是另一座遥远的乡村吗？

大约上午九点，我正在思考这一天去哪一条街，从地铁站走出七八个人，全是农民，让我产生一种土拨鼠从冬眠中苏醒后挨个从土穴里出来的错觉。我立马转身跟上他们，这些人肯定有生存之道。

结果不用我追，这群人在街边一栋大楼前的电动门外停下。那里有几棵彼此挨着的高大的白杨，杨絮似花非雪，散漫飞扬，袅无定迹，好不容易落地成团，倏忽又随风回旋荡起。

我走近他们，问："你们是一起干活的吗？"他们回答是。

站在我面前的两个女人，一个高高胖胖，热情和善，她身旁是一个脸小、白皙的小个子女人，声音细腻清甜，听来很亲切。她们告诉我，他们来自同一家保洁公司，是今年刚入职的新员工，趁周六休息，来这旁边的民生银行办卡，到时候工资统一打入各人的账户。我直奔主题，问："那里还招人吗？"她们说招人，问我去不去。

"去。"我说完便站定不动。

那道大门里有一排很长的三层老楼，看上去像是建于五十年代的公社办公大楼，用的是典型的北方土窑烧制的

那种灰黑里透着暗红、长三十厘米宽二十厘米的板砖。果然，我后来得知这一带是朝阳区将台乡政府所在地，这栋楼的前身是农村信用合作社，现在是北京农商银行。近七十年过去，这栋老楼依然恢宏气派。它旁边的一栋现代气息十足的大厦，大概是为了与它搭配，外墙漆成陈旧的灰色，门脸高大而厚重，仿佛上海外滩百年前的洋行，这就是民生银行所在的大楼。

两人自我介绍，高个子的是河北张家口人，名叫彩花，小个子的来自内蒙古赤峰，名叫淑云。那个年代给女孩起名字，倒是南北方全民统一。我的一位堂嫂和一位堂姐都叫淑云，我父亲前妻的侄女和我的一个同学也叫这个名字。总之，到哪都能找出一大群名叫"淑云""彩花"的人。

小个子淑云心细，确认我真的要去应聘，便留下主管的名字和手机号，并告诉我从这里乘几路公交车，在哪站下车，去三元桥凤凰置地 A 栋。我原本死心眼地想等他们办完银行卡，跟着他们去，但她交代得十分清楚，还详细地写在纸上交给我。我又询问工资待遇，得知每月三千七百元并且包住。一听到包住，我的一颗心就落了地，也不急于回海洼子，就近在几条胡同里转悠了一阵子，

打算第二天直接去三元桥。

第二日一早，我绕着凤凰置地最大的一栋楼转了好几圈，向路过的人询问A栋在哪，都摇头说不知。我拨通昨天抄好的手机号，听到的却是一句“你打错了”，吓得我脸冒虚汗。

必须找到A栋！我又问一位面善的年轻人凤凰A栋在哪，他说：“这就是！”哎呀，我已绕着它走到腿软，也没见哪里写着“A栋”呀！

我来到大门口，一名身材矮瘦的男保安问我找谁，我说：“这里的保洁陈主管叫我来，她在吗？”保安客气地笑了笑，让我稍等，他去叫她。不一会儿，他带着一个瘦高的女人回来，她不是陈主管，而是一名领班。后来我得知，她和淑云是亲家，她的女儿嫁给了淑云的儿子。淑云原本在另一个街区的一家超市上班，月薪四千五百元且包住，但每天的工时长达十四小时，很难熬。由于很多在腊月回老家过年的人无法来北京复工，领班便把淑云叫来一块儿上班，虽然工资少了几百元，但这里轻松。

她很直率，刚见到我这个陌生人，就把这些事都告诉了我。我问：“‘A栋’这两个字为什么不写上呢？”她让我走出大厦抬头看，原来那两个字写在高高的玻璃幕墙之上

哪！在我的认知里，门牌都应挂在门口，而北京的大楼标识大多置于楼顶，便于远观，在灯光炫目的夜色中，配上电子彩灯，流光闪烁，方便人们寻路。

这位领班带我去见陈主管，我问主管为什么接电话的是个男人，她让我再打一次，原来淑云不小心把号码写错了一位数字，害得我虚惊一场。

陈主管是内蒙古赤峰人，和淑云是同乡。她四十岁出头，留着短发，个子高而挺拔，面容清秀，眼睛细长，肤白，性格温文尔雅，真诚善良，是个很能体谅他人冷暖的人。她言语亲和，笑如暖春，使我瞬间获得了归属感。她给我办妥入职手续，让我四月二十二日早上八点来上班。随后，她又详细地介绍了工作内容，每个员工负责一片指定区域的卫生，公司租的集体宿舍在费家村。

于是，二〇二〇年四月二十二日这天早晨，我提着一部分行李——几件用来换洗的衣服和在皮村的超市里买的一个小电饭煲——来到三元桥，上了半天班熟悉环境，下午一个同事带我去费家村，住进了集体宿舍。

就这样，我在北京暂时安顿了下来。

8
庸俗地

从三元桥挤公交车到北皋下车，眼前是一大片白杨林，通往首都机场的公路横穿林子，从三元桥直达首都机场的地铁线与之平行。经北皋时，轨道从地下爬上高架，地铁时不时磁而不噪地掠过，这是一道我看千万遍也不会腻的动景。不知为何，我格外喜欢看地铁冒出地面，在悬空的高架桥上疾行如飞，这使我想起老家前面那条屡次重修的铁路。曾经在那条铁路上，一长列参差的黑铁皮车厢，拉着北方来的各种货物，在蒸汽的驱动下“吭哧吭哧”地慢跑。站在小丘或河滩上，老远就能细数车厢的数量。列车拐过一个大弯，又拐过一个大弯，蒸汽已远去，鱼尾似的末厢还悠悠地拖曳。穿蓝制服的列车员拿着一面小旗子站在车尾的护栏内，我们大声地同他打招呼，他也向我们挥动小旗。有时候，一节落单的车厢像多

足虫的断腿似的停在轨道上一两天，其他的火车谁也别想过去。我想象着夜半三更时，孤独的火车头神出鬼没地来将它拉走，用自动钢铁弹簧挂钩“哐啷”一声将这淘气的活宝套牢带走，铁路又畅通了。三十年前，那条东西方向的主干线开通了复线铁路，并凿开了很多山丘，让铁路更直、更快，蒸汽火车也被全部淘汰，火车的鸣笛声由嘶吼变成了悠长的横笛声，那奇妙的曲音总能唤醒我的山谷幽梦。

在北皋公交站旁的白杨林下，春天能采到开紫花的野油菜，夏天的雨季里还有白色的鸡腿菇，也是野生的。下车后往西北方向直行到达费家村，村的四周森林茂密，偶有缓坡起伏。村外巨大的影壁上写着这片土地的历史。很久以前，这里曾是有狼出没的野山沟，一百多年前有费姓人家在此建了座大祖坟，此地慢慢被称为“费家坟”。北京以“坟”命名的地方有很多，较为有名的王爷坟如今已是闹市区，还有公主坟等。但这里太小，后来更名为“费家村”。

进入大门，村子建设得非常漂亮，路旁那一大片广场两年前还是热闹的市场，后来拆除改建。道路两边各有一道几百米长的花带，当然鲜花只能开三季半，到了严冬便

尽数枯死，那时候，墙上的油画就展露风头啦！

我辛辛苦苦地把在皮村买的小电饭煲带来，结果却是白费劲。这里商铺林立，应有尽有，比在皮村更方便，价格也更便宜，让我这种自以为深谋远虑的人被“打了一回脸”。我在一家河北人开的店里买了电炒锅、碗、盆、薄被，一共花费不到两百元。

员工宿舍在村里的第七十一栋，那是一座两层高的筒子楼，没有窗，楼内有两排房间，房门对开，房间门口摆着小木台，大家就在这狭窄的走廊上做饭。我住在一楼，约十二平方米大的房间里摆了三张单人双层床，一般情况下住三人，下铺用来睡觉，上铺用来放行李，床下还可以塞点东西，如同住在蚂蚁穴里。

彩花和淑云住在二楼，也可称顶楼。那里没有架子床，房间里只住她俩，两人各占一张较宽的板床，床角都堆着旧被子、旧衣物、纸卷、吃食，像两座老鼠窝，床下塞满了大盆子、小盒子、三条腿的破矮凳之类的物件。

后来的一个休息日，我和淑云在村里边赏花边聊天。她个子娇小不显老，看不出已年近六十，仍是小孩子心性，见一朵花便说“恁个好看”，见了旁边的一朵又说“恁个更加好看”，并拍下来发给她丈夫看。她丈夫在赤峰老

家，几年前被车撞断腿骨，躺了一两年，现在恢复到能够缓慢行走，在家仍坚持养猪、鸡和两头牛，好在一双儿女都已成家立业，不用他们多操心。

淑云忽然用一个完全陌生的名字叫我，问我很多年前是否去过他们那里。有一个来自内陆的姑娘长相、身高、声音都和我完全一样，曾经在他们那里的农村学校教书，到村里很多人家中吃过饭，后来回了老家，淑云那时还小。她问我是不是那个姑娘，我笑了，心想，如果我是那个姑娘，如今至少七十岁了。但我只是摇摇头不说话，如同我看见地铁会怀念旧时的火车，就让她继续怀念吧。

房东夫妻俩也住在二楼，和村里的许多本地人一样，他们的儿女住进了市区的楼房，老人们留下来守出租屋，出租事务都甩给二房东操办，他们只管安享晚年。有的人家甚至连房子都直接由二房东出资修建，再用租金抵扣建房的成本。我们的房东人很好，遇到大风或暴雨时，会把所有人晒在外面的衣服、被子收起来，再分批让各个房间的租户去认领。

这个村子里有很多安徽人，做手艺的、卖鞋子的、卖菜的、卖鱼卖鸡卖干货的、做安徽小吃的、开车的、办工厂的、当二房东的、打工的都有。

筒子楼只在过道的尽头有一扇窗户，房间里黑到白天也要开灯。楼里有一间小公厕、一间只有冷水的浴室，楼下有一个公用水槽，水不收费也不断流。北京郊区的许多农舍都是这样的构造，冬天保暖，夏天也热不到哪里去。

我们住的这间小屋月租一千元，我睡进门右手边的床。房间里侧横放的那张床睡的是四川大姐张华珍，她已六十出头，丈夫和男同事住在别处，夫妻俩来这家公司四年多了，从没回老家过年，他们想等到干不动、被辞退后，再回家养一头猪、几只鸡，种一畦菜养老。张华珍大姐十年前来到北京，当时她在京务工的儿子和儿媳生了女儿，叫她来照顾孩子，四口人租住在一起。小孙女不到五岁时，小两口离了婚，孩子留在他们家。又过了一年，张姐的儿子带孙女回四川上学，张姐做过上门给人做饭的活，后来才干这打扫楼层的工作。她丈夫老马千里迢迢地来北京叫她回家，张姐说儿媳妇跑了，回去会被人笑话，而且北京挣钱的机会多，于是两人一起留在北京上班。

老马四十几岁在山上砍柴时，一只眼睛被荆棘刺伤，没钱医治，用草药糊弄过去后，眼球干瘪坏死，只剩下左眼。老马人很老实，到哪里都受欺负，但他低头隐忍，

再隐忍。他对张姐十分体贴，她爱吃葡萄和荔枝，于是他每逢休息日便买一点送来，放在她床上的小桌子上，顺便把张姐换下来的衣服拿回去清洗、晒干，再送回来。张姐每天把菜炒好，老马煮好米饭装盒，等张姐一同出门，他拎所有东西。夫妻俩上了岁数走得慢，因此每天起得比别人早，紧赶慢赶地走路去公交站乘车上班，风雨无阻。

张姐在老家的山区养成的习惯，也被她带到了北京。她在床下摆了一个尿罐，晚上起夜频繁，每开一回盖子，小房间里就骚臭味满溢。下大雨或她身体不适时，大便也在此解决，等到天亮再倒入公厕。她知道我们觉得恶心，于是屡次劝我们也人手一个尿罐，这样大家就扯平了，我们只能忍下不提。

张姐平日里捡塑料瓶塞在床下，攒了一些时日后让老马拿去卖钱。她那张床的上铺堆满了离职员工扔下的床垫、被褥、劣质毛毯和旧衣服，起初我以为那些也是待卖的废品，但她说那是别人暂时寄存在这里的。刚到宿舍时，我想从那上面拿一床好点的床垫来垫床板，上边再垫我新买的。当天晚上，我刚收拾完床铺并做好饭，老马来了，径直走进女宿舍，伸手翻我的床铺，说底下那张床垫

是他的，要我马上交还，他满腔火气燃得很快。我赶紧掏出来放回张姐的上铺，又立马去商店买了一张五六十元的腈纶棉垫，非常软和。第二年张姐生病，夫妻俩回四川，那么多发霉发臭的东西一一打包捆紧，随身带回。

我对面的床位住的是东北人黎美芳。她比我小两岁，圆脸，烫卷的短发染成火红色，长得不算漂亮，但保养得非常好，也很会打扮，看上去只有四十岁出头。她性格温柔，唱歌很好听，随时哼唱东北小调。我当时在 A 栋遇见的热心保安就是她的丈夫。

黎美芳和她丈夫的老家在齐齐哈尔，丈夫原是一家单位的小干部，美芳则在百货大楼当售货员，后来单位倒闭，夫妻俩双双下岗。她丈夫是个精明人，从事房地产行业，虽没发财，但挣到了一座三层小楼房。他们把一楼租出去，楼上两层空置，因为担心若租客太多，滋生事端，两人远在北京难以处理。他们在齐齐哈尔没有找到更好的出路，于是趁儿子考上了北京的大学，陆续进京务工。先是她丈夫老祁经老乡介绍，来此做保安。后来，黎美芳参加了当地的再就业培训班，和一群老乡跟着领队来到北京，她们一来就避开中介，靠熟人牵线搭桥，各自做起了保姆或护工。去年年底，已经两年没回老家的黎美芳提早

请假回家过年，不料在家中耽搁了两个多月，好不容易抓住机会返京，原来的户主已经另请保姆。黎美芳到达北京后，一时连个立足之地也没有。幸好她丈夫找到陈主管，陈主管手底下缺人，便让她来上班。

我来这里时，黎美芳已上了一周的班。她做得一手好菜，而且很体贴丈夫，每天或是炖土鸡，或是煨五香蛋，或是炖猪肘子，再不济也是红烧鲤鱼，全当白菜来吃。二三十个鸡蛋，她丈夫只需一天一夜吃完，一只鸡一顿夜宵下肚。除此之外，公司给保安提供一日三餐，老祁也是一顿不落。他吃得好，气势足，缺人手时夜班、白班连轴转，月薪比普通的保安高出一倍，后来当上队长，每月又多了一千元收入。

每天早晨约五点，租住在费家村的各行各业的近万名打工人纷纷起床，带上昨夜备好的一日份盒饭，奔向北皋公交站。那里的公交车多如牛毛，源源不断地驶来，比我幼时数过的火车车厢还多不少。公交车司机们四点半就从城内的东直门总站出发，或从顺义启程，来此捞这多如海水的农民工，送往三环、四环。

我们早上八点正式上班，所有准备工作要在七点半之前完成，其中包括物业及保洁部门的负责人给我们开会训

话。他们拿出领导的架势，将昨天某位上司的一个眼色、一种语气强调一番，又将某员工在不合适的时间和场合忍不住排出肠内气体、弄出噪音的事大说特说。这么多经理、副总实在没有用武之地，遇着实打实的农民工，定要抓住机会教育乃至恫吓一番，因此要求我们七点之前必须赶到。

下班时间则是晚上八点半，哪怕提前一秒钟打卡也会被扣工资。打完卡，大家涌出大楼，各显其能地奔向公交站，倒不是怕错过公交车，而是因为到达费家村已近九点二十分，接着还要奔命似的冲向村里各家菜铺。店家早已把当天卖剩下的蔫巴巴的蔬菜陈列出来，专等我们这些夜归人。因为便宜，我们不讨价，也不看秤，囫囵买几样便去水池前排队清洗，肉呀菜呀下锅煮熟，然后把米放入电饭煲，插上电。做完这些，再排队洗漱，然后去厕所排队解决问题。全部完成后，饭已煮熟，可以上床睡觉，这时已是十点半到十一点。第二天又是五点起床，比蚂蚁更辛苦，比雄鸡更缺觉。

黎美芳很少吃苦，她柔嫩小巧的双脚很快就磨出了密密的血泡，疼得她夜不能寐，第二天还得坚持去上班。但她生性乐观，唱首小曲就忘记了疼，想着熬过这一阵子，

等容易磨破的地方结出老茧就好。隔壁房间的三个东北老乡和我们一起上班，每晚都来安慰黎美芳几句。他们都是乐天派，对美芳说“很快就好了”，然后哼着小调回房间。

黎美芳十分爱干净，她一来就无法忍受张姐吃喝拉撒全在一屋的作风，再加上脚疼，所以平时只和我说话。我见她做那多好吃的带给丈夫，便问她，那里那么多保安，哪位是她家男人。得知是老祁，我说：“我第一天来时，第一个见到的就是他，是个很好的人嘛！”她很开心，告诉我：“公司还缺保安，老祁天天代岗加班，都累坏了。”我说：“那招我丈夫来吧！我家那地方小，找不到活干，闲得慌哪！”美芳答应我第二天去问老祁。第二天晚上，她说愿招我丈夫，并按照老祁交代的，细问我丈夫多大岁数、会不会说普通话、能不能吃苦熬夜，我一一回答，心里高兴极了，终于给他找了条门路。黎美芳把我的回答转告给她丈夫，老祁又去请示经理，经理答应了，我立即买了一大兜土鸡蛋煮香，提到三元桥给美芳和老祁。

就这样，在二〇二〇年五月一日，我上班的第九天，我丈夫也来到三元桥，在大厦的地下车库当保安。保安们的集体宿舍在呼家楼，他乘地铁上下班，公司包饭。

我于是也像黎美芳那样，时不时地做些好菜带去犒劳他。他有份收入便大大减轻了我的思想压力，否则我这三千几百元的工资按月拨给他吃饭钱、帮他交社保，一文不余。

9
流水营盘

黎美芳才上了十几天班，非但脚上的血泡没好，脚背还肿了。她过的一向是自在的日子，不过是前两年才来北京当保姆。她当时的户主是一位家庭条件很好的老太太，儿女忙得没空照顾老人，因此请了保姆。她在那里月薪五千元，与老太太同吃同住并做家务。东北人会唠嗑，而且南北口味的饭菜都会做。黎美芳性格温柔，个子娇小，待在别人家里像猫咪那样招人爱。她每天陪老太太遛弯，去买点菜回家做饭，像在自己家那么悠闲，工资比在这儿高一千多，住的环境比这宿舍好太多了。

这天我下班回来，她正满脸笑容地和隔壁的东北老乡霞姐说悄悄话，霞姐连连点头，说："好嘞好嘞！"

霞姐大名莫秋霞，她丈夫外号"跑得快"，六十多岁仍健步如飞，每天早上第一个到达公交站，晚上第一个

跑进村，并以第一快的速度按霞姐的指令买好菜。夫妻俩在天津多年，今年刚来北京，同来的还有他们的表妹夫老丁。霞姐的儿子、儿媳仍在天津，儿子是一家饭店的主厨，虽然月薪不过六千多，但一家人用多年的积蓄在那里买了房，小两口带着两个女儿，天津的物价没那么高，日子还算过得去。霞姐也年近六十了，但模样很美，眉毛修得精巧好看，脾气也好。楼下超市的领班是他们的同乡，告诉他们这里的工资高于天津，于是他们三人过完年就来了。

东北冷，天津也冷，所以他们一人背了一大包棉被，来了才发现北京没那么冷，于是其中一张床的上铺专门用来摞那一大堆被子。秋天三人有事回天津，那些多余的被子怎么扛来的又怎么扛了回去，想必是堆在霞姐儿子的房里了。

话说回来，黎美芳通过东北老乡的互助圈子，又联系到了一份保姆工作。她从没歇着，在这里短暂地做几天保洁只是因为一时没别的办法，没想到脚跑得又烂又肿。于是她吸取教训，只做陪护老人的工作，如果要带孩子，那又得来回奔波接送，她不干。她朋友帮她找的那户人家，老人的女儿也已退休，在家帮着做饭。户主的房子很大，

工资四千二百元，包吃住，黎美芳一口答应了，却没告诉我，这是因为我问过她相关的事，她担心我又求她帮忙介绍保姆的活。

其实我在海洼子时，就知道户主招保姆，年龄大多限制在五十二岁，我五十四五了，来北京的初心纯粹是生存下去，走一步算一步罢了。

晚上，黎美芳坐在床上，双脚敷了药，包了纱布，但脸上洋溢着笑容，还画了纤眉，搽了粉，一双白胖细嫩的小手摊在眼皮子底下反复看，小声地哼着东北小调。她见我进进出出，准备明天的饭菜，突然问我："如果你哪天要离职，怎么去跟公司说？"

我连这里的地都还没踏热，还真没思考过这个问题，于是反问她会怎么说。

"不能说你要走，只能说是身体原因或家有急事需要请假，晓得不？"她认真地点拨我，我如醍醐灌顶，感激地连连点头。她接着说："如果在请假期间找到了新的工作，原来的公司催促，你就继续找理由，待拿到工资后消失。这样做，如果新工作不合意，你还可以回来，晓得不？"我又点头如鸡啄米。我们这些人容易被人拿捏，谁也得罪不起。租户会找物业说事，物业受了损失，就一笔

一笔地克扣保洁公司的钱，保洁公司的收入几近见底，于是算计着如何给打工的人最低的工资，同时还要在脸面上说得过去。

“不要怕，”美芳细致地交代我，“但不可冲撞他们，要保全自己。我们赤脚的不怕他们穿鞋的。”

黎美芳再也没去三元桥上班，我以为她请假了，两三天后老祁脸笑得像花一样，告诉我丈夫他家美芳又找到上户的好工作了，并叫我不可说，我当然不说。

美芳走了，张姐暗地里高兴了一阵子，原因是她年龄偏大，领导嫌她干活慢，说如果招到年轻点的就辞退她。其实后来我去看过，张姐的活干得很细致，只因为她穿着土气，而且胆小，不敢说话，又只有夫妻二人互相帮扶，没有老乡成群，所以更容易受欺负。我虽然也是孤身一人，也算不上五大三粗，但我不怕事，处事时摆出气势，日子还算过得去。其实张姐多虑了，这年头大多数人的日子好了，四十几岁的人通常不会愿意来做这起早贪黑、没有脸面的底层工作，也只有我们这些老而不成气候的人仍在坚持。

黎美芳走后，新来的河南人马福凤大姐接替了她的岗位。

马姐六十三岁，头发黑而油亮，编成发髻，大方脸盘，五官标致，一看便知年轻时颇有颜值。她不显老，看上去只有五十几岁。马姐身材高大粗壮，仿佛有使命在身，顶天立地的样子。那晚下班后，领导交代我带她回宿舍，睡美芳的那张床。路上我困得直眯眼，马姐大声地向我介绍，她原本在昌平的一家大超市里做保洁，包吃包住，月薪四千五百元，但因年纪大被辞退。超市主管认识我们这儿的陈主管，于是推荐她来这里。马姐头脑反应快，一得到消息，立马和超市商量好，把自己娘家的弟媳妇叫来，弟媳妇五十岁上下，超市刚答应，人就在三天内赶来了。移个萝卜栽旧坑——两全其美。

马姐是河南信阳人，家中排行老大。她小时候见别人读书，她也天天去，她母亲一年接一年地生弟弟妹妹，最小的弟弟出生第二天，八岁的马姐就抱着包在棉絮里的婴儿跑到学校，她爹追去打了她一顿，把她拉回家，不再让她上学。马姐脚边跑着五岁、三岁、一岁的弟弟妹妹们，再加上这刚出生的小弟，做饭、喂饭、洗衣，大多由她和奶奶合作完成，母亲也不准她再去上学了。

马姐十七八岁时，媒人给她介绍了邻村的一名青年，马姐第一眼就没看上，但她父母硬要看上，因为那青年的

爹是村书记，以后说得起话，做得起人。马姐拗不过父母，只能拖着不结婚，一直拖到二十七岁，在那时候算老姑娘了，可男方还在等，便结了婚。一结婚，那男人就暴露本性，不仅没能力，而且脾气暴躁，经常打她。马姐三年生两胎，一双儿女落地。

那时的马姐漂亮又能干，周围盼着她离婚再嫁的人不少，但她一来抛不下孩子，二来担心再碰上一个如四川人唱戏——一抹脸一变的男人。经历了十几岁被定亲，逃避、反叛全都无效，马姐在婚前就已想明白，不再对婚姻有期待，所以放下得很快，独自一人悄悄跑到西安开小吃摊，后来又接手一家杂货店，经营了十多年。近四十岁时，马姐带着这些年挣到的钱回家，在县城买了处宅基地，盖了房子，这是为她儿子的将来做打算。

话说回来，马姐还是吃了没上学的亏，没有离婚，丈夫还是她丈夫，儿女当然也还是她的儿女。这回，那男人装出诚心改过的样子，软磨硬泡，直到马姐心软，答应带他去西安帮她看店。那男人到了店里，一见男顾客就凶狠地开骂，说他“早料到了”，见到女顾客也骂，说“女人没一个好东西”，以报这十几年来的离散之仇，最终把妻子的生意彻底搅黄。

这一次，马姐坚决要离婚，并说离完婚就和别人结婚。然而，男人的姐姐，也就是马姐的二姑姐，从北京赶去劝和，言辞间从头到尾都向着马姐。马姐感动到落泪，看在夫家有这么理解、相信自己的人的分上，和丈夫一起来北京做生意。但是好景不长，马姐做什么，男人败她什么。到了五十几岁，儿子成家，女儿也有了幸福的婚姻，和女婿一起经营店铺，马姐才放下自己做生意的念头，去超市工作直到今年。

马姐有一双巧手，一只巴掌大的电炒锅，她揉一团面，扯一个面疙瘩，抹油，包葱，一眨眼就变戏法一般地烙出张金黄的油饼，香气飘满筒子楼的过道。再弄一些韭菜馅，在小砧板上玩游戏似的滚出一张张面皮，十几分钟连擀带包再煎，一大盘饺子出炉。

天哪，真叫我大开眼界！当初我去福建学画画前，就曾想去杭州一处免费的技能培训机构学做这些面点，以期将来老了摆摊。可我一转念，想到以后若卖煎饼，肯定抽不出时间学画，因此决定先去学画。后来的事大家都知道了，一去几千里，时光二三年，画画是学会了，也开始卖画了，可那面点手艺的学习时断时续，养不起家，也糊不了口。

我做煎饼倒是早就自学成才，味道虽可口，可惜卖相不好，做不到整体一致、光滑好看。瞧马姐烙的饼，随手一捏就像用模具做出来的一般，可是这样一个大能人却命中带小人，在西安和北京开店的前程相继被毁。

反观我，凡是能赚钱的事，我丈夫一律支持到底，只要不用劳烦他动脑动手就行。但是我总犯心高气傲的病，只差一步就去杭州学做面点了，结果选择了学画。我想起少年时做女工程师的梦想，那时我努力学习数学和物理，数学进步不慢，可偏偏物理老师长得太帅，我和许多女同学一样，上物理课时专看年轻“男神”的脸，而忘记看黑板，结果物理课愣是越学越难，以至于没考上大学，此生当工程师的梦化为泡影。

马姐性格大大咧咧，我羡慕她做面食的手艺好，于是她每样都分给我一点，味道好极了，犹如天物。我在河南生活的那半年里从没吃到过此等美食，当时学校里隔壁宿舍的老师用自己采摘的荠菜煮了胡辣汤，端来一碗给我，可惜面粉撒得太多，掩盖了秋荠菜的清香。校门口商店里的那位老姐经常神秘地招呼我过去，说给我吃好吃的，结果是一个玉米糁窝窝头，我咽不下窝窝头，第二次她特意做了一碗辣椒末。老天爷！除了辣到着火，没有任

何味道。在湖南，人们把辣椒炒得香酥可口。我虽是个做的菜不像湖南菜的湖南人，但一出湖南，哪怕炒盘咸菜也是人人爱吃，还被夸道：“你们湖南人，炒的菜太好吃了。”这回我夸马姐，马姐说：“我们信阳人是南方人，离湖北很近，所以炒菜、做饼好吃。再加上我小时候有一窝弟弟妹妹像黄嘴小鸟那样围着我讨食，手艺就这样被逼出来了。”

马姐的二姑姐在昌平买地建房出租，免费提供一间屋子给马姐住。她丈夫在那里给他姐的院子看守大门，也睡在那间小屋里，吃他姐做的饭。北京春天风大，墙边的树下竖着堆了几块半旧的板，他姐多次叫他码整齐，靠墙摆放，他不听。有一天，大风把一根断枝吹倒在地，马姐的丈夫是个懒惰至极又暴躁的人，一边大声叱骂风刮得不是时候，一边去拖那根枯枝，不料一块门板被连带着拖倒，从后方砸中他的小腿和脚后跟，板上生锈的枪钉刮破脚皮，疼得这男人嗷嗷叫。一个六十岁的男人在屋子里哭天喊地，怨这骂那。他姐姐终于忍不住，骂他自作自受，奈何是亲弟弟，当年老爹为了传宗接代，把家里唯一的男孩惯得又懒又蠢，换作别人，早就让他卷铺盖滚蛋了。姐姐打发马姐的儿子带他去医院，马姐的儿子说社区医院很

近，让老头走路去，自己一边盯着手机，一边远远地跟在后面。老头叫儿子骑电动三轮车载他，儿子一下子冒了火气，说道：“你死又咋地！这么多年来，你打我妈，把我妈的生意搅黄，那钱她自己又不用，本是攒着给我的，现在你遭这报应，还算轻的了。”说罢，儿子扭头就走。

要说那男人厚颜无耻的程度，真是难以描述。他就地一坐，立马给马福凤打电话，哭着忏悔，说自己这几十年是因为太爱她才动手打她，现在他受了重伤被丢在半路上，怕是活不下去了，求马姐回去服侍他。马姐一生都没有心肠硬过，便请了七八天假去昌平照顾男人。她回来时又带了一位河南信阳的老乡，名叫蔡菊花。

蔡菊花也六十三四了，黑瘦驼背，身上的衣服看上去是别人丢弃的，远望款式时尚，近看面料粗糙且色泽褪尽，一身打扮有些不伦不类。

马姐是在下班必经的街边小公园里遇到她的。蔡菊花三十八岁时来北京当保姆，当时的月薪是三千五百元。二十几年过去，她从一户辗转到下一户、再下一户，如今工资仍然是三千五百元。这么多年来挣的钱不多，全用于在老家县城给独生儿子买房。她的丈夫是个酒鬼，喝酒后就打人。蔡姐来北京后很少回老家，男人也没来找她，儿

子由亲戚抚养长大。几年前，蔡姐的丈夫去世了，这对她来说是个解脱，但她还是回不去，因为太穷，留在北京还能挣点钱活下去。

蔡姐照顾一位老太太已有七年。到后来，老太太的身体状况愈差，脾气也愈坏。蔡姐天天推轮椅带她在家门口的小公园里遛弯，四下无人，老太太就打她耳光。这户人家的儿女是通情达理的人，在家常劝阻老太太，因此她就等两人单独出门时，捞着蔡姐的胳膊肘又挠又捏又扇耳刮子。蔡姐这一生什么气没受过，心想：打吧，量你打不了多久就下黄泉了。可是这老太太在家盯着蔡姐，不准她吃饭，只有这家的儿女回来时，蔡姐才能打饭躲到一旁去吃，这就是她面黄肌瘦的原因。

马姐在超市上班时，每周回一次二姑姐那儿的小屋，来去途中常常看到蔡姐挨打挨骂。起初她没有在意，以为是蔡姐不会做事，可有一次竟然见蔡姐捡别人的宠物狗剩下不吃的火腿肠，便拉住她询问缘由。蔡姐简单地讲述了自己的经历，很快就被老太太喊走，下一次见面时，马姐拉住她，问道："给你换份工作，愿意不?"蔡姐的眼泪哗哗直流，连连点头。于是，马姐经陈主管许可，便把她带来了。

这回马姐表现出从没有过的高兴，说她丈夫脚受伤后，一下子变得有感情了。她甚至自我反思，怀疑是自己过去对丈夫爱得不够深，才造成了矛盾。马姐在反思中回忆起当年，在她拖延婚期的那几年里，这男人与他自家表妹暗通款曲，睡在一起多年，马姐嫁过去后，那位表妹不得已嫁给了别人，却生出一对傻儿女。几年前，表妹的儿子去世，年仅五十出头的表妹也跟着黯然离世。

现在马姐有了老乡，为了对老乡好，把床位让给蔡菊花，自己挪着壮实的身躯往上铺爬。我赶紧拉住马姐，让她和我同睡一张七十厘米宽的小床，虽然我和她都胖，但也能相安无事地挤在一起。蔡菊花得到马姐的帮助，心安理得地睡马姐的床，并把从户主家拉来的一大堆破旧衣物、被子、茶杯、盘子等玩意儿堆满上铺和床头。她告诉我们，她在户主家七年，独享一个小房间，里面纳满了她私有的东西，搬到这里不知该往哪搁。

人生就是这样，有太多人在乎太多毫无用处的东西，背负着许多自以为会带来快乐的事物。所以后来我画了一幅画，一只鸵鸟背着一只猫，悠然自得地行走。

农历六月，我婆婆过世了，我们两口子都得请假回台州。我们来北京不足三个月，两人的收入扣除吃饭的开销

后只剩六千多元。钱的事他从不关心，归心似箭也绝非因为孝敬他母亲，因为他连自己都不关心。他的天职是“躺平”，吃饱在其次。要他挣钱养家是行不通的，退而求其次，让他养活自己，他也很不情愿。在北京当保安时，他又怨工作辛苦，又嫌工资低，指望躺着就有人用人民币给他铺床。这回他听到母亲的死讯，立马飞回南方，走时如释重负地对我说：“呵呵，这次把我妈送走，太好了，省心了。”

如果不是亲耳所闻，我万万不敢相信。我婆婆为人很善良，她小时候因脑膜炎留下了后遗症，但直到近八十岁还从工厂里认领一些手工活来做。我们给她的钱虽不多，但足够她过日子，可她仍坚持干活，说这样对身体好，如此活到八十五岁轻松离世。办后事的钱由我丈夫家的三兄弟平摊，我手头只有这几千元钱，于是赶紧向农信银行借了三万元。

我丈夫对亲戚朋友说，没钱全怪我这个老婆，一辈子就知道大手大脚地花钱。大家都知道他的为人，没人把他当回事，只有蠢货才会为他说的话生气。家对我而言是根据地，这样一个丈夫，就当他是猪转世。可想想看，猪转世为人，需要积多大的福源，让人吃它的血肉，那时一定

是我吃了太多它的肉，所以今生必须善待他。我且当他是一块拴马石吧。

十天后，我回到北京上班，费家村的宿舍里又是另一番景象。马福凤一条腿绑着纱布，躺在床上，头上也缠了一圈白纱布，蔡菊花忙前忙后，煮药、煎汤、烙饼来照顾她。我叫一声马姐，她哭出声来，说："妹妹呀！我差点死了，活不下去了！"

原来，马姐的那个懒鬼丈夫每回饭后都把碗里剩下的油汤往门外的路口一泼，二姑姐劝说多回，他从不改正。那个周末的晚上，天正下雨，马姐从费家村回昌平，在雨里踩到油浆，猛地滑倒在地。没办法，马姐一生打落了多少牙齿都连血咽下，赶紧爬起来进屋清洗，自顾自地骂了几句"都怪那头蠢猪倒油汤"。两间屋子相邻，男人听见她骂他，冲进去把正坐着洗脚的马姐拖起来，恶狠狠地推到门外，并端起那盆洗脚水对着她兜头泼下。马姐闪避不及，脚拇指上的皮肤撕裂，头撞在水泥墙上。男人却两手叉腰，放声狂笑，说："上次我受伤，儿子怎么骂我来着？全是你这恶娘们儿教唆的。这次算你找死！"

那天夜已深，马姐的儿子回河南老家办事，不在北京，马姐独自爬回小屋，拴上门伤心了一夜，心疼肉疼骨

头疼。她心如死灰，连着两天不起床、不吃饭、不疗伤，那个男人在隔壁像没事人似的，和人说话的嗓门比任何时候都大，还透着股乐劲。马姐什么也不想，只想死，男人每在门外笑一声，都狠过动刀切割她。马姐也想爬起来找刀，自己结果自己。

我还在台州时，陈主管打来电话，让我事情办完赶紧回北京上班。我请假的这几天，由马姐代我的岗，但马姐突然没了消息，我心里纳闷，她为何旷工两日，没向领导请假。我对陈主管说："马姐这人做事条理分明，她有个极其混账的男人，很可能是出事了，您得赶紧打电话找她。"于是，陈主管打通了从前超市主管的电话，找到在超市工作的马姐弟媳，弟媳再打给马姐的二姑姐，然后飞奔到她家，撞开了马姐的房门。马姐的手机早已没电，她两三天没进水米，摸了一把刀在手里，却没有力气对自己下手。众人把她送到医院治疗了两天，又找蔡菊花接她来费家村宿舍养伤。

"妹妹哩，我差点见不到你哪！感谢陈主管，她来看望我，安慰我。我想通了，我要为自己活着，就当那个男人死了吧！"

"对啊对啊，马姐你这么想就好。"我说。

由于马姐受了伤，隔壁东北同事的宿舍又正好有一人离开，空出一张床位，当晚我就住到了那边。那间宿舍有一位很斯文的四川女人和一位高而美貌的山东女人。山东女人在农村老家做过妇女队队长和赤脚医生，这位五十岁出头的四川女人则满脸侠义之气。她读过高中，曾在广东和浙江打工，凡事讲究四平八稳，很讲道理，房间内很干净。

要说马姐的生命力有多顽强，她一个不识字的文盲，养大了一摞弟弟妹妹，又抚养一双儿女成家成才，还与一个魔煞般的男人决斗一生，这是多么伟大的人生！我几十年来念念不忘，只想学会做煎饼，开个早食摊，可马姐八九岁时就已熟练掌握这门手艺，到了举重若轻的程度，令我自愧不如。我虽年过半百去学了两年画，这不，后来没人买我的画，一切归零，我又回归了打工生活。

因此我明白了，在猪圈里做猪，在牛圈里当牛，万万不可把自己当人。这次婆婆去世，我二十年来好不容易才清零的债务，又添了三万，这钱除了我，也只有我去偿还。我一再告诫自己，不可向陌生人透露我曾经画画的事，在猪眼里我是猪，在牛眼里我是牛，就这样相安无事地过日子吧！

蔡菊花当了二十几年保姆，除了在农村度过的前半生，保姆就是她的职业，现在来做大厦清洁工也很快就适应。每天，她从容地带回好菜好饭，主食有牛肉饼、猪肉煎饺、肉夹馍、小笼包，菜有爆炒鸡丁、烤鸭腿、排骨等，宛如慈禧太后的什锦盒，日日变换花样，从来不用下班后奔去挑拣便宜的菜。她买了一口平底矮沿煎锅，早晨和晚上不用多久就能做出香满走廊的好菜，出锅后先盛一大盘给马姐。

马姐这辈子都在为他人作嫁衣裳，从没受过别人的体贴照顾，感动得坐在床边一边吃，一边哭，一边笑得甜蜜。她是那种很擅长摆脱痛苦、放声大笑的人，恢复得很快，几天后就拄着拐杖一跳一扶地走路了，并且自己洗衣服，房东见了马上帮她拿出去晒，下午收回送还给她。蔡姐一回来，两人便大声说起共同的家乡话："鹅哩嗯哩么哩么咯!"

周末，蔡菊花带马姐去村口骑共享单车，到周边的村子走动，一来舒活筋骨，二来排解郁闷。蔡菊花读过书，手机使得顺溜，说话一套一套的，虽然性格隐忍，但并非怕事的人。因此她虽同样婚姻不幸，但免于一辈子遭男人的毒手。

至于蔡姐是如何突然过上好日子的，大家没过多久就弄明白了。她每天定时去翻白领们吃剩的盒饭，拣没有牙印的猪牛排、鱼块、鸡鸭腿、饺子、包子，囫囵扒拉进一个大塑料盒，还有盖着瓶盖的半瓶牛奶，带回来加热，和马姐一起吃得有滋有味。蔡姐心满意足地对马姐说："这下好了，达到包吃包住的待遇了。"蔡姐在那几十年的保姆生涯里，吃户主的剩饭剩菜早已成习惯，如今这样更自在，不用看别人的眼色。马姐也吃得满心欢喜，赞叹道："以前怎么就没想到这一招呢？"

过了不到十天，马姐恢复得还不大利索，就坚持去上班了。她和蔡姐每天从村口骑共享单车到北皋公交站，以免行走过多导致脚疼。在大厦里，蔡姐也会抽空帮马姐干活，直到她完全恢复健康。

10
羁绊

马姐在三元桥才上了约两个月班，先前辞退她的超市主管又打来好几通电话请她回去，因为后来招的几个四十岁出头的员工大多敷衍而懒散，三个人加起来也顶不过一个马姐。这是必然，马姐那利索劲，我们这里谁都佩服。马姐舍不得蔡姐，而且担心没有干到月底就走，会被保洁公司乱扣工资。超市的主管说：“回来吧，保洁公司扣几百，我就补几百。”就这样，马姐离职了。

马姐临走前惦记着我丈夫的腰椎病，告诉我北京的医疗技术世界一流，她的二姑姐和弟媳都是在北京做手术治好了病，当场就能站直，医药费不过十几万。

天哪！钱最爱向我耍威风了，我仿佛一辈子也逮不住它，何时才能凑出十几万？何况我丈夫只愿“躺平”，要是治好了，他不工作的借口也就没了。

“你随时用微信联系我，我家亲戚在积水潭医院有熟人。”马姐一再叮嘱我。后来我带丈夫去那家医院看过，医院位于一片旧时繁华的古街区，到那才知道德云社的剧院也在那附近，就顺便游玩了一回。

马姐一走，再也没有嗓门这么大的人进进出出敲锣似的喊话。陈主管也走了，事先并没告诉我们。她走后，新来的主管是一个成天板着一张黑脸、说话带刺、处处指责员工的女人。这个女人和物业的一个小头目如出一辙，仿佛她们天生高人一等。更要命的是，工资月月拖欠。这时，黎美芳在微信上告诉我，她顺利度过了在新雇主家的试用期，现在月薪已涨到五千元以上，还发语音唱了一首歌给我听。

我刚在台州欠下一身债，此时心中愈发凄凉。我本想在北京好好挣钱，老了能有更多自由的时间读书、画画、写字，可现实却是钱袋漏底，也没有半点读书的空闲。

我得去别处试试。

我看到好几则招聘护工的广告，上面写着包吃包住，工资三百元一天，七天一结。我顺着其中一则找到丰台区的一家家政公司。在一幢快要搬空的大厦里，一个女人拍着胸脯向我保证，找她就对了。她把我介绍到朝阳区双

桥的一家养老院，告诉我第一个月是实习期，工资三千元，若表现好，第二个月就升为护工，工资三千九，第三个月就能涨到四五千。

当时，三元桥那边仍在拖欠工资，我两手空空，请女儿转给我五百元，交给那家家政公司当介绍费，便去了那家养老院。

那里条件确实不错，老板是北京土著，招我去只为专职洗涤。洗衣房里两台洗衣机，两台专门用来洗老人尿湿的被褥床垫的大机器，还有两台烘干机，洗衣房外长长的铁索用来晾晒衣物。

在我之前，一位年轻的河北女工在这里干了几年活。那女子天生弱视，在别处找不到工作，而她的丈夫抛妻弃子，她无奈之下，只好将一个七岁的儿子带到养老院一同吃住。在那之后，养老院拖欠了她半年以上的工资，女人通过亲戚报警求助，竟喊来了三辆警车，而她唯一的要求就是拿到现金走人。她走之后，恰好由我这个倒霉鬼顶替，所有关于升为护工和涨薪的话全是骗人的鬼话。

在我来这儿的一个月前，这家养老院里的护工经历了一场大换血，先前由河南人主管带领的一群河南、山西护工，因一些矛盾被院方清走。新来的院长是一名当过厂医

的退休东北老头，他让比他小近二十岁的婚外女友做护工主管，护工们大多也是东北人，且互为亲戚朋友。这很正常，黎美芳和她的老乡们也是如此，他们离家不易，由队长带领，大家有福同享。

这是一个家族企业，老板的堂妹负责管理仓库和接待。那女人叫三妹，以役使与贪利为专职，盛气凌人地叫我每天把她的衣服也清洗干净，气得我把那些衣服和老人沾有屎尿的裤子放在一起搅洗。

前一批护工里只留下了一名山西男护工。此人身高一米八以上，人很粗壮，脸大得像个羊头，五官端正。他年轻时经营过煤矿，但矿里发生事故，出了人命。之后，他当了几年村主任，因为人太耿直，得罪了别人。再后来，他去学开大货车，却翻了车，欠了一屁股债不敢回家，来北京尝试了很多工作都不顺利，两年前由家政公司介绍到这里做护工。他同时照料四位瘫痪老人，全靠年轻时照顾妻子坐月子得来的经验。

这个男人叫赵幸福，他已经五十八岁，决定好好干几年，干到干不动再说。

赵幸福是个实在人，每天到洗衣房的角落来抽两回烟，给我看他妻子和儿子、孙子的照片。他妻子在太原帮

大儿子带孩子，看他与她视频通话时，眼里流露出的爱意，就知这个男人是多么单纯。

洗衣房的工作较为清闲，于是我请友人帮我买书寄到这里。我在这里读了《三国志》《徐霞客游记》，都是躲在角落里看，以防三姐来突击检查。“三姐”这个称谓是为了体现她在这方小院的权威而取。她的长相如何描述呢？就像是从臭水塘里捞一把淤泥，扔到一块旧瓦片上晒到六七成干，灰黑的颜色凝滞，泥皮下的干螺壳、旧果壳、碎石粒，凹的、凸的，组成那张扁而扭曲的脸，上唇向上翻，下唇向下耷拉，嘴合拢时拉成宽宽的黑长线条，向外渗着黑气。

三姐突然出现在我身后，我只瞥了她一眼。她动手翻我的书，见全是文言文，表情复杂地盯着我看了一会儿，似乎想说什么，竟又咽了下去。第二天，三姐打发院长老头的女友来翻我的书，她还算和气，问我：“既然读这么难懂的书，干吗来这里？”

“我这不是准备走了吗？”我对她说。

由于我的轻蔑，三姐气得暴跳如雷，没过几天就高调宣布将我开除。我拍下工作日程表和工作场景作为证据，要求她结清工资。赵幸福找老板沟通，说没必要为这点小

事又让人找警察来，因此我才顺利领到了工资。

赵幸福很能理解我想多挣点钱的心情，说："一个人日子若还能过下去，就不会这样到处抓救命稻草。"他极力介绍我去二环找帮他获得这份工作的中介段雪玲，说她一定能帮我找到满意的活。我数次听他满怀感恩地提起那女人的名字，于是按他写的地址来到北京站附近，在一栋大楼八层的一个大房间找到了她。

我进门上楼，除了在楼道里看到一名保安，整栋楼空空荡荡，我先前去的那座大楼也是如此。一名中年女人给我开门，向我"嘘"一声，往沙发上一指，示意主人在睡觉。我找位置坐下来等，开门的女人坐到一台电风扇前，在手机上看电影。过了约二十分钟，睡觉的那人在沙发上坐起，说她就是"段老师"，吓我一大跳！

她脸上的皮肤松弛下垂，又黑又肿的单眼皮裹着一双小眼，颧骨高而下巴短，下颌骨的拐角处几乎呈直角。她察觉到我的目光在她的脸上打转，解释说她生过一年病，打了很多激素，导致身材走样。说完，她缓缓抬起虚浮的肥躯，起身去洗脸。她的膝盖做过置换手术，上面贴着大块黑色膏药。

一小时后，又来了一个四十七八岁的四川女人，同样

由那位给我开门的女人接进来。这个女人穿着一条像是二十几岁的姑娘穿的粉色连衣裙，是穿了很久的旧衣服。她的脸圆而白皙，乍一看只有三十几岁。她以前通过对门那家中介找工作，今天却发现那里的人已不见，而且原本开在这里的另外好几家中介连牌子也没了。

“都倒闭啦，只剩下我这个最优秀的了。”段雪玲说。她在房间的窗户下摆了两排共二十几个行李箱，都是由她介绍上户工作的人寄存的，寄存费每天三元。没找到工作的人可以在此等待，住宿费每天十五元，吃一顿饭要五元。这个四川女人决定和那个开门的女人一样，暂住在这里等待。

她们并不着急，一来她们的年纪还有时间可以等待，二来家中经济状况不紧迫，尚不用担忧。而我一辈子像耕不完地的牛，被无形的手甩着鞭子狠狠驱赶。段雪玲说房山有一家医院招护工，我交了五百元中介费，第二天一早就从对面的火车站坐长途公交车去了。

北京站建于五十年代末，站前的广场恢宏壮阔，并不高大的站楼略带俄式风格，厚重的墙体雄浑屹立，给人很强的归属感，可惜我只匆匆看了一眼，就赶着去挣钱。我急了一辈子，无非是没有活明白，总以为下一个出口就

通向能够改变我处境的地方。

到达房山，一个中年男人来接我，带我来到医院后院一角的宿舍区，安排我住进那一排平房中的一个房间。

他向我介绍自己：姓袁名秀山，辽宁人，五十二岁，是这家医院护理部的主管。我听到他的职位，皱了皱眉。他五官清秀，双目有神，身材匀称，看上去很干练，与我此前见过的主管们都不同。

他立马察觉到我的疑惑，便讲述了他的经历。他早年毕业于一所财经大学，本想留在当地的市里工作，但在那年头被分配回老家的农村信用社上班。二十一世纪初，他当上了主任，贷款给一家小型民营企业。但没过几年，那家企业倒闭，老板逃跑，九十多万欠款收不回来，他因此受了九年牢狱之灾。他的妻子原本在一家矿工子女学校教书，但后来矿源枯竭，企业倒闭，单位给了她一小笔钱，打发她下岗。袁秀山出狱时已四十几岁，没有工作，家无隔夜米，他来不及思考就独自一人来北京谋生，在建筑工地上一干就是六年，打钻、电锯、切割、浇混凝土，他都干过，只为供独生女儿上大学。

那年，他的女儿考上了北京的一所大学，他在工地边干活边笑出声来。但就在那个上午，一块钢片砸下，击穿

了他的右手掌。他伸手给我看他手背上的伤疤和只剩半截骨头的大拇指。而建筑公司的老板只送他去医院治疗，不负责伤残赔偿，并说这是他自己没有遵守操作规范才造成的。

袁秀山本就是斯文人，坐了九年牢，心志被磨尽，单枪匹马没一个帮得上他的人，就这样离开了工地。他通过在医院疗伤时认识的一位北京病友介绍，找了份做护工的活。这时女儿来北京读大学，他便让妻子一同来京，上户当保姆。曾经郎才女貌、感情恩爱的一对夫妻，在四十多岁开始做服侍人的行当谋生。

后来，一个北京女人承包了这家医院的护理部，以五千元一个月的工资让他负责招人和管理。此外，袁秀山在这医院附近做一份陪护老人的兼职，包吃住且工资不低于五千，因此他每月总收入可达万元。我去那里时，他的女儿已经出国留学。说起女儿，袁秀山欣慰的眼里熠熠闪光。他就像许许多多的中国父母那样，哪怕自己过得再寒碜、再辛苦，只要儿女有出息，就死可瞑目。

11
地狱的门

袁秀山告诉我，头三天医院不管饭，而且我必须去乡医院做检查，那钱也得由我自己出，但他可以带我去，并安慰道：“到时候给你安排个工资高的好岗位，这点钱用不了一天就赚回来啦！”于是我们又出了门。

房山的街道虽很宽敞，但马路有裂缝和沧桑之色。沿途的街景固执地保留着乡村的痕迹，行人的脚步也更闲散舒缓。乡医院就是从前的乡卫生院，但那里的七院八楼如新衙门一般修葺一新，各个科室有单独的楼房和独立大门，门气派十足。我们从一道门进去，被告知这里不是去做检查的通道，又进另一道门，仍走错了。乡医院前那条短短的专用道路上车水马龙，都是来看病的人。马路对面的挡风墙边设有各种摊位，修电瓶车的、修自行车的、修伞的、修鞋的、修小电器的，卖袜子和内裤的、卖鲜

花的、卖糖葫芦和小面人的、卖鞋垫和绣花老棉布鞋的、卖蒸布的、卖脚气膏和痔疮药的……在市区内不允许当街经营的种种接地气的行当，这里都有。

袁秀山送我到乡医院后便回去忙了，检查完成后，我慢慢地沿街溜达回去，买了几斤米和一些菜。一家极小的包子店专卖小笼包，包子比我的大拇指大点儿，一笼八个，价格九元。我问了价却没买，那个男人咕哝了一句什么，我坦然地告诉他："你的包子很好，但我没钱。"由于医院头三天不提供伙食，我见袁秀山那里有电炒锅和电饭煲，便借来自己做饭。

下午两点半，袁秀山带我去医院门诊部。门诊部是一栋八十年代初修建的旧楼，四层高，住院部则单独一栋，与这边的科室隔开。房间都不大，小小的窗户是老式外开挂风钩的那种，上面散布着锈迹。大厅旁倒是新装了电梯。这家医院虽然老气横秋如明日黄花，却是二甲医院，来看病的人不少。

袁秀山一进去，一个年轻的圆脸女人就哭哭啼啼地扯住他，问他要钱。袁秀山一边带我继续走，一边向我解释。这女子也是段雪玲介绍到这里的，在护理部照看一位老年男病人，活干得很好，老人快出院时，家属请她

上户继续照料，她高兴地把这事告诉了同事、袁秀山和他上头的老板。护理部当然不同意她去，她为了让老板放她走，当着老人家属的面说：“呵呵，某天晚上我扶老叔叔上厕所，他跌地上，只有我知道摔到哪了，所以我得跟去上户。”这么傻的主意，也只有她想得出来。

这下完了，那老人的家属指责护理部瞒报老人摔伤的事，不仅不付钱，还要求护理部赔钱，自然也不要这名护理工上户了。护理部因此扣了这女子一个多月的工资，女子求助劳动仲裁，前来调查的人问：“你隐瞒老人摔倒的事，后来又当众说了，是吗？”

她说：“老人没摔倒，我是为了跟去上户才这么说的。”

仲裁员又问：“你说的这些话给护理部造成名誉和经济损失，你明白吗？”

她说：“我听说了，但这不关我的事，我只要我那五千几百元工资。”

于是仲裁员走了，她没能拿到钱，但仍天天坐在大厅里，天天哭泣。袁秀山劝了她几次，愿以私人名义借或给她三千元，让她另寻去处，可她偏不，就要那五千几百元钱，于是谁也不理她了。

袁秀山因在外有兼职，所以医院和户主家两边跑。到

那的第一个晚上，我便睡在护理部那间平房小屋的沙发上。那里堆满几大麻袋蓬松的东西，后来才知道全是给走向阴间的病人准备打发用的，不是白给，每一项都要向家属讨喜钱。

次早，袁秀山带我去住院部楼内。一楼全是康复期病人，每人由一名护工陪着照看；二楼为短期住院的，病人有基本的自理能力；三楼是顶楼，住在这里的都是重症病人。普通房间有三张病床，尽头的几个大房间里摆着四张床，楼梯口有单床和双床病房。病床下都堆满病人家属送来的纸尿裤、纸毛巾、营养品等私人物品。

护工们老的六十多岁，年轻的四十几岁，还有一两个三十几岁的，大多为山西人，还有几个东北人和河北人。病房呈筒子楼式分布，中间是过道，房间在两边。病房窗边的角落里安着一张六十厘米宽的廉价钢丝床，护工的衣服、毛巾全扔在那里，吃饭用的碗筷放在窗台的一角。每天早中晚三顿饭由外卖员从门口递进来，病人和护工的餐各装一车。这就是所谓包吃包住。

每间病房有单独的抽水马桶和淋浴设施，但那只是肮脏不堪的摆设，早已坏损不可用。楼层进门处有一间垃圾房，整层楼的垃圾都扔到那里，公厕在那里，洗浴间也在

那里，每个人洗衣服同样要去那里。

袁秀山交代一名老护工带我实习，告诉我头三天没有工资，就走了。这位护工六十岁出头，满面细纹却很白净，矮瘦但手脚麻利。看长相，他年轻时人很秀气；看性格，处事拿得起放得下。若不是处境尴尬不已，怎么会来这种地方呢？他是山西人，另一位山西老乡看上去和他相像，也是前几天刚从别处到这里来的，他向我摇头说：“没办法，暂时找不到别的活干。”

我实习的这间病房里有一张床暂时空着，后来才知道是因为不久前死了一个病人。山西师傅告诉我，之前在这里的是个三十岁出头的男护工，坚持干了半年，上周辞工走了。这里的霸王条款要求护工干半年以上辞工才能结清末月的工资，否则扣钱，工资也要拖到下个月才给。有一个女人反复打电话给袁秀山，称她辞工前最后一个月的工资少了一大半，袁秀山做不了主，支支吾吾地挂了电话。

至于工资，我对山西护工说，袁秀山让我好好干，每天约二百三十元，每月到手六千八九，工作一年就熬过困难时期了。山西师傅冷笑一声，他那位刚来的堂兄说：“袁秀山答应我每天工资一百六，我只要每月到手四千二三百就谢天谢地了，你梦做得真好。”

护工们的工装布料和颜色都差到掉渣，且每人只有一套，很多人穿得满是油污。门边的两位女护工也年近六十，都长着稍肥的圆脸，两人看上去也是沾亲带故、搭伙来的。她们是东北人，在这里干了几年，照顾的是更为干净的女病人。两人在病房里摆了张小桌，用布幔围住，放一点可怜的零食。

袁秀山说好下午四点便让我去那间平房做饭吃，可我左等右等，到下午六点，他才从门洞里递进来一碗他自己做的饭，叫我吃饱点，好撑过明天上午。原来，只要把我推进这扇门，我便再难出去，像置身地狱。

第二早，山西人叫我去送餐车那随便捞点东西吃，别傻饿着。我去拿了碗稀饭和一个饼，可压根吃不下去。中午，山西师傅从送餐车上给我带了饭菜，我一看，土豆丝拌胡萝卜丝、几根肉丝、一小碗豆腐豆芽汤、咸菜丁，还有干辣椒混几粒鸡肉丁。我仍不吃，他们便又自己吃了。

山西的老乡呵！那民歌里唱得忒好："咱唧个山西好风光！"山西出了那么多挖煤矿的土豪，咋地这些人却这么苦哪！中午，我又打电话给袁秀山，他不知道山西人拿了饭我不吃，我请他早点做饭送来："一定要早点来，饿扁人了。"

原本还想着来了房山，有空去山里看看北京农村的风景，这下可别做梦了，做的也是噩梦。

所谓让我实习，其实是要我白干。隔壁的病房也是三床房，因为白天晚上都有病人在嘶吼，我走过去看看究竟。中间的床上躺着一位三十岁出头的男病人，五官长得英俊帅气，看骨架如果站起来超过一米八，多么美貌的女人才能生下如此高颜值的儿子，可是他不到二十岁时就患上了精神疾病。这家人十分有钱，送他去过所有能去的医院，都毫无效果。不能放了他，一旦放开，他什么恶事都干得出来。可做父母的仍不舍得放弃，将他送到这里，手脚各套一根粗铁链，他挣不脱，便日夜嘶嚎。负责这病房的是位四十几岁的女护工，她手脚利索地给三张床上的病人擦脸、洗手、换尿不湿，还略带开心地逗弄一下这个年轻的疯子。我太佩服这个女人了，她毫不在意地干着这些邋遢琐碎的事，究竟是多么沉重的生活才把她的心碾压得这般麻木。

在最里面的病房工作的是一位河北邯郸女子，只有三十六七岁，生得不难看，但脸旁有块伤疤，她又撸起袖子给我看她的手腕，那里有块十几厘米长的灰黑色硬疤，是车祸造成的。这副样子，饭店、写字楼、超市都不会用

她，于是她来医院做护理工。我听后为她担忧不已，她从车祸中捡回一条命，伤痕累累，但凡日子能过下去，她不至于来这里。这种所谓护理工，不过是一群人被关进这猪圈不如的环境，几乎二十四小时无休地劳作。这位邯郸女子姓赵，我问她吃得消吗，她说干这些活没问题，问题是别人已经收到上个月的工资，她的却被拖欠，她又见不到老板，不知该怎么办。

曾经，我以为自己吃了很多的苦，又受了足够多的罪，眼下却跑到人间荒境来了。别人受着比我更多的罪，并以苦为乐。我受不了，得赶紧逃离！

回到我看管的病房，房间里侧是一位身材圆胖、七十来岁的瘫痪老头，医生和护士走进来，当着他的面说他的三个儿子和一个女儿多么想放弃治疗他，但大儿子仍坚持，把他送到这里来，几人平摊费用，但没人来探望。那老头闭眼装睡，可一到夜里十二点后，就“爹呀”“妈呀”“呜呼”地叫喊，又说饿了要吃东西，又说害怕这、害怕那，扰得人不能睡。靠近门口的床上是一名退休职工，四肢萎缩，所有的筋都紧得比被捆绑更难看，如同木乃伊。他张着嘴不能闭上，“嗷嗷嗯嗯”地住了几年院，花的都是国家的钱，家人少有过问。

从病房门斜望出去，是一间值班医师办公室，白天医生下班后，值夜班的是医科大学的一男一女两名实习生。两人说话、聊天、看电脑，那位男实习生说：

“我受不了这里，过几天就走，回湖北，去武汉。”

女生听了情绪低落，对男生说：“你一走，我在这也待不下去，那去哪里呀？”

就在这一夜，外床那位病人的气息转弱，听起来不对劲。我去叫那两位年轻的实习医生，又去叫在过道对面的病房看护的山西师傅。

天亮前，那人就死了。

我由来胆小，以前羡慕村里的表舅靠帮人护理挣钱，这时才明白自己完全不适合干这一行。袁秀山被叫来了，他又把那个承包护理部的北京女人也叫来。那女人一到，看上去派头不小，指手画脚地喊来死者的儿子和妻子。两位东北女护工、山西师傅和另外两名山西男护工，给逝者穿衣、化妆，给予他在人世间最后的体面。

我寸步不离地跟着袁秀山，告诉他反正我不干了。那北京女人竟然对我大喊大叫，问我凭什么不干。可笑！我绝对不干，马上走人。

要说袁秀山毕竟是良心未泯之人，替我在那女人面

前挡箭，勉强放我出了那道鬼门。我既已出了地狱的门，万万不可回头，带去的东西全扔下不要，太阳升起就跟着袁秀山去那间平房拿上包走出医院。

出门前，又见到那位讨要五千几百元钱的女护工，她日夜坐在小厅拐角处的板凳上，清早醒来眼挂泪痕，我想招呼一下，叫她走，可是无话可说。

末了袁秀山对我说，别再去找段雪玲那样的家政中介了，那种不地道的人是一张只懂吞钱的恶蛇皮。袁秀山是纯朴的人，坐了那么多年牢，仍然没失去良善。

12

回到原点

我从房山公交站坐高速快达公交车回到北京火车站前的广场，看天空中明晃晃的阳光却只觉得内心寒透，离开那片黑暗地，如立在地狱门口般找不到前路，不知要去哪里，这种感觉就像我几十年前生意失败，被一群落井下石的亲戚、熟人围攻时那么痛苦和绝望。

三天前从这片广场出发去房山时，我遇到一位二十岁左右的姑娘，用滑轮平板车拉着一点行李，脸圆而身材微胖，拿着一部大屏幕粉壳手机在刷短视频。她头发上扎着一串花，衣服像是好几天没换的样子，这是夏天。我试着问道：

“姑娘你上不上班呢？”

她想都没想，带着广西口音对我说：“干吗要工作？干吗要上班？就这样了。”

我没说话离开了，才过三天又回到这片广场，广场上空无一人。我来北京时四野无人，真佩服这女孩的勇气，不上班，不找工作，愿意流浪。而我呢，一辈子时刻担心的就是找不到工作，我不明白自己的内心为什么要自套枷锁。

两年后，我在网上发文说我是流浪艺术人，居然有很多人相信我真的在流浪。几十年没见的老同桌无限关切地来问我为什么不回新化，那样至少可以免于流浪。我懒于解释，但老同学仍然不放过我，问我："苦心巴力地写这几篇文字，能买到一碗饭吃吗？"

我说："压根就买不到一碗饭吃啊！以前一天吃一顿饭，后来两天吃一顿，现在一个星期才吃一顿，要不然体重减不下来了。"又抬举她道："哎呀，咋样也比不上老同学你卖早餐发大财哪！"

话说我踌躇在北京站的大广场前，思量去哪里，把我的胆汁都苦出来了。我丈夫还在三元桥上班，那位春风化雨的陈主管早已离开那里，代替她的吴主管是个说话可以靠喷出的火气踹人一脚的角儿，但领班仍然是从前的东北人春香。春香和我同龄，高额小眼单眼皮，阔嘴唇龅牙，长得不好看但能干而善良。她也是命苦，与前夫离婚，后

夫又生病，那男人瘸着一条腿吊儿郎当地混日子，虽然也是保洁员，但活全由春香代干，春香干两份活空养这个后夫。

我打电话叫我丈夫去问春香是否同意让我回三元桥，我丈夫唯愿妻子挣越多的钱越好，这会儿我突然失业还想回头，他很不耐烦，可也没办法，便去问了。保洁办公室和他的车场办公室只隔着一堵墙，他很快回复称对方没反对，但至少要明天才能答复，我的心情一下子平复了许多。

后来我才知道事情的经过，我丈夫去问时，吴主管一口回绝，说我是叛徒，但春香当即同意让我回去。两人意见相左，互相拍桌子，春香说："谁不想留下？可是你们给出让员工安心的条件了吗？再说，不光是她，走的人多了去了，公司不反思原因吗？人走光了，这摊子活谁愿干哪？叫她回来！"

吴主管性格再暴戾，也毫无办法，大概这时她已意识到自己处事不当，得罪了不少人，于是找了个台阶下，说："那明天吧。"

这便说定了。春香说："我晚上发微信通知她明天来。"

而我当时并不知道，心想，万一明天吴主管因记恨我

离开而摆我一道，那可够呛。再说，还有漫漫长日，没地方去呀。我习惯性地坐公交车回到将台路口，刚来时也天天在心里抓阄，今天朝这方向、明天朝那方向去寻找工作。想着又不由得上了往海洼子方向去的公交车，但只到半路就下了车，一来我不可能再去那里，二来忽然见离奥运村不远的一片街区有几家餐馆开门营业，于是赶紧下车去打探。果然，一家火锅店悄悄装修好，准备开业，相邻的一家叫“山西担担面”的店正挂牌招人，一问，要一名切菜工，这是我熟悉的手艺，包吃包住，工资三千八百元。我问妥后，当即就可留下来试工，于是我进店着手干活，主要负责切卤肉、香肠、熟鸡丁，空闲时帮忙端个盘子、递个盆碗。

店主是一对三十二三岁的夫妻，男的是山西人，女的是安徽人。女人天姿貌美，为人随和，她负责收银和用电脑接单，还要监督七岁的女儿做功课。男人负责配菜，所有冷菜、冷面的佐料都是他的独家配方，非常好吃，所以生意好得出奇，这阵子他们关门不关店，外卖排队取送。前几天，街道根据实际情况，允许他们重新开门营业，生意好到爆棚。

女子的父母都在店里帮忙，她母亲快六十岁了仍然貌

美如花，专职包饺子，那速度快如口吐莲花瓣，包出来的饺子均匀标致，面皮光亮，吃起来更是口味地道。女子的爹则负责进购原料和做辣椒酱，起早贪黑地忙碌。店里还有一位面点师、一位专职从锅里捞面并分碗下料的年轻伙计，以及一位三十五岁的河北洗碗工，一屋子全是专业人才。原来的切菜工是个河南女人，但她以前的老板打电话催她回去，因此这家店招人接替她的位置。

我在那儿干了大半天，到晚上九点半下班，跟两名女工去宿舍。那是北京农民拆迁后分到的楼房，北方人生得高大，造的房子却窄小低矮且质量粗糙，仿佛是对农民应付了事。宿舍是一整间套房，有热水浴和坐便器，都收拾得很干净，住起来也宽敞，可知店主是舍得且大度之人。

睡前一看，三元桥的春香晚上八点发微信给我，答应让我回去。我矛盾了半宿，天明时分告诉店里的工友我要走了，之前的公司催我复工。那名切菜女工本想等我定下来就回原饭店，谁想我才来半天也要去复工。她“嗯”了一声，店里九点半上班，她们还可再睡一两个小时，我提上小包，毅然回到三元桥。因为昨天是我主动提出要回去，现在人家这么快就答应，我即使另有再好的去处也不能违诺。

由于路程太远，还要换乘公交车，我到那里时已过八点。吴主管接待我，她冷冷地说是春香愿意让我回来，又以她的性格把我着实数落了一顿，我平心静气地忍受着。然后，她叫我当即上班，仍回原岗位。

我回到以前干活的楼层，原来是春香在代我的岗。她身为领班却只是个受气包，哪里的人跑了，活都得由她来顶。之前我由于干活麻利，分到顶难缠的活，而我不在的这四十几天，没有合适的人接替我的位置，春香累得减重二十几斤，脸也瘦到露骨。

她一见我，泪悄然流下，只轻轻一句：

“你来了，开始吧。”

这是二〇二〇年七月二十五日，我又回到三元桥。所有的同事，包括吴主管，都商量好似的，对我的来去没说半句不中听的话语。当晚仍回费家村宿舍，马福凤回超市后，那张床一直空着，我便躺下，和蔡菊花相对。

13
换了公司

周志铁老师得知我离开河南的学校来了北京，认为我不教书太可惜了，我向她解释，试图让她了解我的处境。她又鼓励我不可以放弃画画，隔三岔五地问我有没有开始画画，我向她描述了宿舍的情况，她又让我在公司找个地方画。

简直是天方夜谭！这座大厦的房产属于一家公司，物业则是另一家，二面三方只恨不能将每一寸楼面折叠成两层出租，多榨点租金出来，连给我们保洁员坐着休息的一块小地都不舍得给，六七十个员工挤在一间十二平方米的地下室吃午饭，饭还没咽下，就又往各楼层赶，而在楼层里，保洁员更是连站的地方都没有。这样的环境，我怎么画嘛！

当我回到三元桥，老祁对我的归来明里暗里笑得够

呛，见天对我丈夫说他家美芳的雇主有多好，更重要的是他家美芳有福气。这般炫耀了几回，我丈夫问我要不要回嘴，男人都爱吹牛，我知道他想说什么，劝他万万不可回嘴，装傻充愣就行，如果说你老婆会这会那，将更加尴尬，别人非但不会相信，还会吐着唾沫说："哦哦，那谁，你画来看看，啥个玩意儿嘛!"只怕到那时连人都待不下去。

我去而又来的这四十天里，从前的好几位同事走了，又来了新人，其中有位赵翠枝。赵翠枝是张家口人，高一米七以上，块头大，一头全白的短发染成黑色，又从发根处露白头。她脸型圆方，眼睛鼻子匀称秀气，属龙，五十六岁，可脸色蜡黄，看上去已过六十岁。她说话的声音瓷润好听，走路有些慢，下班后穿件针织短袖，衫子旧到快要穿孔，仍天天穿，不知是出于爱惜还是出于穷困。

和她一起来的罗友连也是河北人，瘦高而黑，才干了二十几天，她以前工作的饭店找她回去复工，便走了。她俩远在顺义郊外租房住，结伴来回，现在剩赵翠枝一人独来独往，吃饭也没一个可以一起说说话的人。罗友连走后，领班春香就看不上赵姐了，见天数落她这没干好、那里不行。好几回，赵姐十二点多下楼吃饭，饭还在微波炉

里热着，春香又来大声呵斥，叫她回去返工再来吃饭。赵翠枝这么高大的一个女人，竟然不敢吭声，又回大厦去，身边的同事们也无人表示同情。

时间久了，我劝春香说话慢下来，不就是擦洗手台和地面吗？具体该如何操作，又不该如何操作，为何不能好好说话呢？换位思考，别人成天对你怒吼，你受得了吗？大家都是农民工，若另有路可走，何苦低声下气呢？谁知春香一听，火上浇油，把火力转向我一顿轰炸，质问我："你忘了你能回三元桥靠的是我吗？你既然同情她，那就替她干活去！"

我真的跑到赵姐负责的楼层看了看，没什么大问题，但确实有一些灰斑没擦。我去问她，赵姐告诉我，她眼睛不太好使，是家族遗传病，她母亲、她弟弟、她，都有点视力问题，几年前她生意亏本，急火攻心病了一场，视力更弱了。

我问赵姐曾做什么生意，她说织家用地毯，后来织的人多了，大厂机器技术改进，织的地毯更好看、更便宜，他们一村子织户的生意全凉了。我劝她，树倒一大片，不单你一家，何苦急出大病？不值得。

"是啊，"赵姐说，"现在不愁了，来打工了。幸亏那时

家里在镇上盖了房子，只是没钱装修。”

可是第二天，别的同事来劝我以后不要搭理赵翠枝，说她是个贼，前年曾被开除。当时，她拿了白领扔在垃圾房的一件羽绒服，第二天那个扔衣服的人后悔了，来追问保洁部的人。那是赵翠枝负责的区域，有同事看见她下班时提了件颜色相符的羽绒服回家，领导叫她归还，可是赵姐要面子，矢口否认，说自己没拿。

其实这事说大也不大，守则规定扔在垃圾房的东西保洁员可自主清除。如果赵姐真的拿走又退回，若碰上无端生枝节的人，恐怕又要罗列她的罪名，只好干脆不承认，但公司还是开除了她。如今招不到人，罗友连来上班时问公司要不要赵姐，公司说可以要，于是她又回到三元桥。

同事们背地里把那事说得上纲上线，我不以为意，心想我们这些人谁也高不到哪里去，谁也不比谁低多少。但人们仍不死心，干脆掏出“家底”：赵翠枝那一双儿女，儿子是傻子，女儿是疯子！这才是他们和赵姐划清界限的终极原因。我没吱声，之后尽可能地关照赵姐，她是因为眼睛不好使才擦洗得不周到，走路也刻意慢一些，否则下楼梯时若不慎踏空就糟糕了。

我每天抽空给赵姐热好饭，她下楼就能吃上，挨在

我旁边，对我说了很多事情，都是她家族里七姐八姑的事，具体什么事发生在谁身上，我从来没太听明白，但懂了她的妹妹颇有才干，织地毯没亏本，早早转行去开大货车。妹妹视力好，且妹夫听话，也开大货车，这几年赚到了钱。

又听懂了她前夫游手好闲，那时不兴登记领证，只摆了几桌酒就算过门，之后男人四处游荡不干活，赵姐便走了。现在这任丈夫人好，当过六年兵，会砌房子，长得帅还有些文化，里外的事都干，后来被疾病压垮了身子，便也来北京做保洁员，在我们对面的那栋楼当领班。

我问她为何不和丈夫一起上班。赵姐摇头道："不方便。夫妻在一处，万一遇到点冤枉事，两人都被怀疑、被盘诘，那样不好。"

也就是从这时开始，赵姐请我休息日去她家玩。她租住在顺义半壁店，二十平方米的房间，每月租金只要五百元，小公厕和洗浴室干净宽敞。从三元桥乘快速公交车去那里约一小时，线路和北皋公交线平行。

我动了去郊外租房的念头，那里的房子便宜、宽敞，还方便画画，可是我丈夫一听就急了，因为他右腿残疾，不愿长途奔波。赵姐问我是不是年轻时太穷嫁不出去才找

了个瘸子，我告诉她是这两年生病弄坏的。

“哦，这怪不得他。”赵姐说。

赵姐很懂感恩，我不过帮她说了句公道话，她便把我当好友。星期天不上班，她带我去赚快钱，一些小区或小包工头找我们干日结的零活，一天工作九小时，提供午饭，工钱二百三至二百六不等。如果太远且人多，就车接车送。赵姐在之前那一年多的时间里就干这类零活。但日结工作不稳定，遇有，这老板、那老板都找人；遇没有，便“歇菜”好一阵子。加之有的工作要搬建筑垃圾，又脏又累，还不安全，工地里的粉尘对呼吸道和眼睛都有伤害，遇那种活，赵姐便不去。

赵姐的儿子三十岁出头，长得高大，吃得白胖，却有严重的自闭症，成天吃了睡，睡了玩，一开口就得罪人，找了工作也待不了几天就被辞退回家。她的女儿生得高挑貌美，三十五岁，结婚生下儿子后离了婚，接着就疯了，在外流浪，警察叫赵姐去接她回家。赵姐背负着一身的破烂事，何不心忧哪！所以不管春香如何数落指责，赵姐唯有忍下，只求保住一份最底层的工作。

自打认识赵姐，她拉我进了几个打工群，又教我如何挑好的老板和零工，我每个周末都出外挣钱，这样总计有

四千七八百的月收入，我丈夫便反过来向老祁吹牛，说他老婆有多厉害，来北京才几个月，认识的人可多了，想找啥工作都有。男人大多更不愿长大，他们一辈子怀着简单的心思，实在可笑。

同事们慢慢地也和赵翠枝相处融洽了起来。这时，大家纷纷告诉我，这家保洁公司要撤走，新的公司将承包这几栋大厦的保洁工作。要换老板了，春香和吴主管肯定会跟着走，但新公司可能不包住宿，同事们劝我赶紧租房子自己住，这样一来做日结工、换工作都方便，二来更加自由舒适。我当然想租房，可这点工资付完房租就剩不了几个钱，但在大家的一再劝说下，我便托东北的同事在安家楼租了间不到六平方米的小屋，在国庆节放假时搬了过去。

二〇二〇年九月底，这家公司走了，新公司留下了大部分员工，不包住宿，但月薪涨到四千元，而且规定周末值班只工作八小时——这是个不小的进步。

春香叫我跟她们走，说担心我脾气太坏，老是顶撞领导，新公司不会要我。我谢绝了，像我这样坏脾气的老女人，要的人还有很多。

这不，旧公司走后拖欠我们全体员工两个月的工资，

过了元月仍不给，大家没办法，找来旧公司的资料，邀我主持正义。我打电话给劳动仲裁所，要来了系统内前三百多名员工的工资。后来大伙又找我，再次通过劳动仲裁所把剩余员工的工资全要齐了。原公司被罚款十几万，早知如此，又何必当初。

在国庆节这天早上，我请了一辆车来搬家。楼上宿舍的彩花和淑云既不去新公司，也不跟旧公司走，都回家。彩花回张家口去照顾老母亲；淑云在北京几年了，想念家乡，回内蒙古赤峰去了，走前把她的旧柜子、大水盆给我，让我带去安家楼，说用得上。

她说得太对了。

三人在北皋就此别过，淑云一再邀我以后去她那儿游玩，我答应着，但此后再没相见。

14
炸酱面

周老师听说我租了房子，马上打电话说要来见我，约我去吃饭，我知道她来的目的就一句话：

“哎呀，好的，这下可以画画了，坚持下去吧！”

我却实在是满心忧伤。在租房前，我丈夫就埋怨费钱，其实当时很多人失业后离开北京回老家，很多房子因此空置，一些房东趁机修修补补。我的一位同事租住在这里好几年，他打两份工，五点半在另一个地方下了白班，吃顿饭，晚上七点半赶去三元桥上夜班。他在两边的工作内容都是把各楼层的垃圾送到大厦的后门，装上垃圾车，两份工资各三千出头，合起来有六千二三百元。他给我找好一间小屋，位于房东自住的屋子旁边。

房东六十几岁，长着一张方正的菩萨脸，脸拉长时仍带着笑容。一片平房分成几十间小屋出租，一年坐收几

十万，想不笑都难。他妻子那一张小家碧玉的秀脸把倔气尽量隐藏，她要做的事就是去自家的楼房里做饭吃，再就是扛个小木梯挨户抄电表。两夫妻有一个儿子和一个女儿，日子过得富裕自不消说，还在楼顶养了一群鸽子，既用来卖钱，也拿来吃。

当时同事说了我的难处，房东同意每月租金比别人再少一百元，并叫我保密，我当然听从。我累死累活地搬家、打扫完毕，接我丈夫来看房，他以前一直说“这么差劲的地方不如牛棚”，叫我独自去住，没想到一来看就住下，再也不肯去他在呼家楼的宿舍了，改口说这里“再小也像个家”。

他当天便在村子里买了辆旧自行车，第二天一早让我带着他上班，熟悉路线。安家楼村离三元桥也就两千米多，但被楼房、马路、街区、立交桥重重阻隔，走起来十分复杂。晚上下班时，我丈夫就迷路骑到了左家庄，我只好到岔路口找他，把他带回去。他钻进这间比猪圈还小的窝，便一头躺倒在床上，说：“保安宿舍里汗臭、脚臭、油渍臭，还是自己的小租屋不臭。”我买了电饼锅，用来烙煎饼、做煎饺，每天至少两顿热乎饭。北京猪肉、牛肉都比台州便宜，给他吃肉饼吃到厌倦。

可我打内心深处不喜欢这个地方，环境太差劲，房屋低矮狭小，四合院里黑得不见天日，小屋子挤得像鸡笼子。每户土著村民为了多占几寸地而互不相让，房子与房子之间仅容一人通行，混杂不堪，我在台州从没见过如此逼仄的地方。过道间垃圾随处可见，我不由得想，巴西、印度的贫民窟，也许就像这里一样吧！

这里是北京的三环，村口的马路对面是所有外国使馆中占地面积最大的美国驻华使馆。而在这片街区，空无一人的豪华大厦一幢挨着一幢，既接不到承租公司，又绝对舍不得低价租给外来务工的人。

但毕竟租了房子，第一件事就是请河南柘城的刘老师帮我把画架、画板和颜料一并从官庄中学寄过来。刘老师与我共住一间宿舍半年，她是办事稳妥细致的人，我原本把所有东西留在那儿，以为将来会回那里去，现在我不准备再去河南，便请她从我的衣物、被子中挑出较好的寄回台州，托我的妯娌代为收管。刘老师包装得很仔细，往南、往北寄那么多东西十分便宜。

我告诉周老师我可以画画了，说到做到，此后的周末不再去做日结工作，周日做完一堆家务后，收拾出不到一平方米的地方坐下来画画，晚上下班后也坚持画一小时左

右。可是谈何容易？这些小屋间的墙薄如纸板，隔壁刷短视频的声音、小夫妻调情的声音、猫与猫在瓦顶抢地盘和争风吃醋的声音、再远一点的夫妻和老家的亲人打电话的声音，不间断地声声入耳，让我思绪混乱，无以下笔。但开弓没有回头箭，我毅然坚持下去。

可是，快一年没动笔，手艺生疏哪！我想画麻雀。

房东养鸽子的二层楼顶靠近村子的入口，放鸽时，羽毛、鸽屎纷纷撒向路边。他还养了几只嘎嘎叫的大鹅。在人流如此密集的地方，村民们却不会为此扯皮，土著们视若无睹，对空气里充斥的各种味道习以为常，臭比香更香。

麻雀们天天飞来蹭鸽子的饭吃，鸽子是温和的鸟，从来不驱啄麻雀。麻雀们吃饱了，在那儿飞扑闹腾一阵，才心满意足地飞去。我从租住的小四合院出来，站在同事屋子的墙边，恰好能看麻雀们起飞与停驻。

我这位同事住的屋子宽一米五，长两米五，和香港的猪笼舍一个样式，租金每月六百元，可见土著们为了挤出空间赚钱，真是挖空心思，无所不用其极。他的屋里有一张七十厘米宽的双层铁架床，下面睡人，上面堆满衣服、风扇、从东北寄来的干菜包、宽皮粉条，啥都有。锅碗瓢

盆挂在墙上，床下放着折叠矮凳、买来的土豆、茄子、大米、油盐……门外可以露天做饭，若刮风下雨，便只好关门挤在床边，用三十厘米宽的电磁炉做饭，生活如此逼仄而尴尬。

就在这样的环境中，我反复让自己的心沉淀，再沉淀，画一只觅食的麻雀，画一只造窝的麻雀，又画一只思考的麻雀。在它们身后不远处，我画了一只幼貂从窄小的树洞里探出头来。这本是无中生有，但是我一定要这么画，因为这只不涉世事的幼貂就是我自己。

唯有这样，我才心宁。

貂的身后是一片若隐若现的矮山林子，那里存放着我的心。

这是我在北京租屋里画的第一幅画，尺寸为四十厘米乘三十厘米，反复修改了一个多月才完成。画完这幅画对我而言意义重大，因为它收拢了散乱的心，让我忘却令人厌弃的环境，慢慢地回到自己。

你想哪，凡·高当年也是处在这么恶劣的环境中才抑郁成疾，好在我内心平和，也没指望以卖画为生。我扫地养活自己，画画润泽灵魂。

每晚画完画，我将画架拿到门外的墙边。在我隔壁还

有个兔子窝大的房间，住着一位山东老哥，他在燕莎桥干打扫卫生的活，晚上十点才下班回家。那一米宽的窄道是我和他的共用地，搭了个五十厘米宽的做饭台，剩下的空间用来通行、牵晾衣绳和堆放杂物。画架可折起来平贴在墙边，他一再问我这是什么东西，我说是用来撑开晒棉袄的架子，他才没有难为我。

15 曼陀罗花

新公司的保洁主管带来了两名领班，一名领班在A栋，新招的保洁员大多在那个楼区。我和赵翠枝等一大批前公司留下的老员工仍在C区上班。新主管名叫米妫妙，近五十岁，姿色美艳。虽然是主管，可她一再要求我们称她为“米经理”，当然，叫“米总”她会更乐意。起初，她对我们所有人关怀备至，可当前公司拖欠全体员工两个月工资时，米妫妙不仅不吱声，还私下幸灾乐祸。后来我们才知道真相，这里的物业公司扣下了前公司一笔不小的服务款，找各种借口不给，无非是想要私吞，因此前公司无奈拖住我们这些员工的工资不发。新公司得知此事，也想乘机捞笔油水，到时候再装好人给我们补点工资，殊不知等到他们走的那天，物业也能以同样卑劣的手段扣押他们的钱款。他们急于对过往者落井下石，而丝毫不顾我们这

几百名员工每人几千元的养命钱。

后来在农历年关，我们自己申请劳动仲裁，拿回了全部的钱，米妫妙谈话的语气无意中流露出失望，我们极少数敏感的员工从中听出了内情。

由于前后两次讨回工资的事都由我牵头，米妫妙表面上不作声，内心已恨透了我，而我还在为全体同事能安心过大年而内心舒坦，压根没想过这与米妫妙有什么关系。

米妫妙负责这里后，首先了解到赵翠枝女儿的病情好转，便招她进公司来做保洁，和我们一样负责两个半楼层的卫生，工资也是一样，这大大减轻了赵姐的压力。

赵姐的女儿生得漂亮，坐在那里很安静，讲话有条不紊，性格温婉，压根看不出生过疯癫的病。她结婚后，丈夫开了家饭店，自然需要全家人一起配合服务食客。婆婆又带孙子，又帮店里择菜做饭，公公帮忙站柜台兼给客人端酒递茶，可她只是坐在一旁画眉搽脸饮茶喝咖啡。后来，一位三十岁左右的年轻女子来店里当服务员，干活麻利又能熬夜吃苦。晚上九点后，店里的生意全由她打理，也不曾见她贪钱。

时间长了，赵姐的女婿一家发现秘密，原来这女子遭夫家虐待，带着两个女儿逃了出来，租住在一间小地下室

里，女人来打工，两个小孩在出租屋里等待，女人下班后打包客人的剩饭养活她们。后来她无比乐意地在九点下班后继续陪伴剩下的食客直到他们全部离开，在等待时，她的两女儿悄悄打后门进厨房，帮母亲把第二天早上要干的活做好。

得知真相后，赵姐的女婿一家便接纳了她们母女仨，并帮忙找学校，让这位女工的两个闺女上学。几年过去，那位女子把饭店当成自己的家，每到周末或假日，饭店生意繁忙，两个女孩都来店里跑堂做事。而赵姐的女婿完全把她们当成了自家人，自己的儿子也和那两个女孩玩成一片。

赵姐的女儿打小十指不沾阳春水，加之中间十来年赵姐家织地毯售卖，还请了两位织工，赵姐的女儿像小公主一样度过了少女时代。后来，家里生意式微，女儿去北京学美容，二十岁出头的年纪、如花似玉的容颜、温柔娴静的性格，让她很快就嫁给了一个有房有车的北京人。

又过了十年，她发现夫家对她越来越冷淡，她吃饭睡觉再也没人过问，丈夫所有事都去和那个大自己两岁的女服务员商量，甚至公然让那女人睡在她的婚床上，而她则被赶到沙发上睡，继而被迫离婚。她再也不堪忍受，崩溃

号啕地跑出大门，丈夫一家人只是无动于衷地看着。

她便疯了。

当赵姐在派出所见到女儿，女儿捶打着赵姐的头，嘶吼道：

“你不是我妈，我没你这穷妈，都怪你把家底亏尽，害得我被男人瞧不起！”

警察劝赵姐答应女婿家提出的离婚要求，并带女儿去医院治疗。现在，女儿每天跟赵姐一同上下班，按时服药，但她的那份活大多也由赵姐完成。上一家公司在时，领班春香天天挑赵姐的刺，现在赵姐一人干两份活，米妫妙却天天表扬赵姐干得不错。时间一长，赵姐感激地称“米总经理”是她的救命恩人。

腊月二十九，除夕的前一天下午，公司买了些橘子、瓜子、花生、可乐，召集全体员工开年会。公司老板和一名男助理也来看望大家，并在我们的一再要求下，给每人发了一张百元新钞压岁。米妫妙说了十几遍，这是他们公司史无前例地现场给员工发奖励，以前没有，今后也不会再有，所以三元桥承包区的员工们应该感到十分荣幸，她强调这是她努力为我们争取的福利。

这几位老总各自说了一堆类似“发大财，走大运”的

祝词，要求全体员工高高举起那张红钞合影，员工们兴奋地把脸挤向镜头，固定笑容。我对此深感厌恶，缩在后面晃荡了一下那张钞票，笑不出来。

新年一过，时间来到二〇二一年的春天。米妫妙每天上午十点左右就来我们吃午饭的地方坐着，没人时她便平躺在长凳上，脱下窄小的高跟鞋放松双脚。我们所有人的水杯都放在铁皮柜里，不准带进大厦，口渴了得跑到这里喝水。由于这间仅十二平方米大的屋子是六七十个员工吃饭的场所，所以有的员工十一点前就来吃饭，再有一批十一点半来，剩下的一批十二点之后再来，自然有序，互相体谅，一天中也唯有这时候可以放松地坐着聊天，扯个笑话苦中作乐。

自从米妫妙躺在那儿，有人来喝水，她便说："你干吗老是下来喝水？偷懒吗？上去！"

有的同事为了租到更便宜的房子，住在遥远的顺义李桥镇，早晨四点起床，空腹赶最早的一班公交车，到十一点已饿得快要晕厥，习惯性地下来热饭吃，却也被米妫妙赶回楼上，要求十二点后才能下来。

住得较近的员工十二点半下楼吃饭，稍坐一会儿，米妫妙就用食指敲击桌面催促："上楼干活去！花钱雇你来

这坐着吗?二十分钟两顿饭也吃下去了!”

她特别讨厌我，起初我不知道，见了她便问候几句，米妫妙索性对我说:“你闭嘴，干活去！哪有这样随便和领导说话的。”

另有一件事，米妫妙几乎每天早上开例会时都要说一遍:“我是大学生，在三十年前从外地考入北京的大学要有很强的实力。我的学历在保洁行业里算顶高的，我也属于干部。我虽然没有看不起你们，但你们真的要为我感到自豪。”

米妫妙姿色艳丽，嗓门也大，脾气暴躁，常为一丁点算不上事的事对我们全体大喊大叫，却只把我们当工具，当木偶，讨厌我们说话，成天像个低等级的监工那样对我们反复只说一句话:

“闭嘴，干活去!”

她手下的两名领班都已五十六七岁，又矮又老又丑，是她故意挑选出来的。她是那种心胸狭隘、见不得别人好的人，就如那个童话故事里的王后，天天对着镜子问:

“镜子，镜子，这世上谁最美貌？谁最能干?”

她希望镜子回答“只有她”，可偏偏镜子只会说真话，却不知说出别人的名字，别人将惨遭毒害。

米妫妙安排在C区的领班常常学着她上司的口吻支使我们："我叫你怎么干就怎么干，不准违抗，听见没？"有人对她不服，故意当着她的面对我说："哎呀，王姐你说的话我们爱听，你写的字比办公室里的人写的还好。"新领班气得脸发黑，生怕我夺走她的职位，便去找米妫妙告状。第二天开会时，米妫妙火气冲冲地说："某些人不要踩底线。"

如此几次三番，我才明白，得想办法离开了。之前回这里是出于无奈，这回还是得另找一份工资更合理、环境更好的工作才行。

16
突围

二〇二一年清明节刚过，我丈夫突然生病，幸亏有住在同一小院的甘肃姐们儿介绍去应急总医院。应急总医院十分亲民，我丈夫一去就住上了院。检查是必须的，他住在那里前后检查了七天七夜，才确认得了脑血栓。我丈夫在医院住了半月，花掉四万余元，正好是我俩大半年的全部积蓄。去年婆婆去世，我们欠了几万，今年这点钱幸好还没拿去还债，全给他治了病，再次一朝回到解放前。

我已经不再对此生有任何期盼，命里注定不让我轻松，这个同屋檐下的男人一生好吃懒做，只想醉生梦死，大块吃肉，大碗喝酒，横竖也不听劝，这全是他自作自受。

我丈夫出院后，病情并未减轻，这时候，赵翠枝帮了我大忙，因为她住顺义半壁店，在那里认识了中医赵传

丰。赵传丰是河北沧州人，出身中医世家，在北京中医药大学毕业后，被人以合伙人的身份聘请到这里开诊所，才三十八九岁，有太多劫后余生的人，都是他救的命。赵姐带我们去那里，年轻的赵医生给我丈夫开颅放血，他那脑门子里的瘀血像死猪血那样黑而成块地流出，若没有赵医生高超的祖传医术，这些废物排不出去就会把血管堵死，让他瘫痪且语言能力失调，成为废人了此残生。所以，幸亏有赵姐介绍赵医生。

从发病，到住院，再到恢复上班，我丈夫只请了二十天假。而在此期间，我一直请假陪丈夫看病，米妫妙一再催促，并追问我哪天能上班，缺人手时一直由那位领班代我的岗，她忙得连饭都吃不上。后来我回去上班，我丈夫也重回停车场工作，米妫妙当着同事们的面说："哎呀，你丈夫病成这样，还有人敢要他？王姐我告诉你，哪天我只要找保安的领导吱一声，不开了你丈夫才怪！所以你就得老实服从我！"

我明白，再在三元桥待下去，我就要尊严尽失。

我租住在安家楼低矮的小四合院里，那里有山东人、河北人、安徽人、河南人，大家平时非常和气，说话满面笑容，只有一个公用水龙头，大家总互相谦让。我被米妫

妙的话气得急火攻心，说给院子里的人听，院子里的人都帮我出主意。

一对过完年才搬来住的河南夫妻在老家驻马店开过果园和面馆，也去广东卖过水果。他们六年前来北京，开始时也在医院里当护工，不到三四个月就跑出来，去做酒店服务员。后来，女人在一家美容院，男人在一家幼儿园，两人都做保洁工，直到各地歇业，两人回家近一年，这才重来北京。两夫妻非常温和斯文，性格像乡村教师，双双劝我另找工作，并马上为我行动。他们先是为我找了二环内的一家美容院，月薪五千，但距离太远。后来，他们帮我找到了黄寺大街一栋大厦内的保洁工作，这份活我一直干到今天。

17
北京风好日

一路走来，向南，向北，多少陌生人，见一眼就成了朋友，在关键时刻互相扶持，有时又借力一托。回头想想，米妫妙也是催我向前跳跃的劲力鞭手啊，尽是值得感恩的人。我又想起黎美芳教我的办法，驻马店的姐们儿也这样教我，另找工作就请假，但是以什么理由呢？

驻马店夫妻俩的独生儿子毕业于南京的一所重点大学，那位姐们儿未婚的准儿媳去年怀孕时妊娠反应强烈，便让她这准婆婆去照顾了一两个月。她教我也用这借口，于是我去黄寺大街上班后，在三元桥向米妫妙请假，说要去上海照顾初怀孕的儿媳妇，实际上为的是等这边的工资结清。他们不敢扣押我的工资，而我主动离开也给了他们一个台阶下。

黄寺大街和三元桥只相隔三四站公交的路程，站在

如今这栋大厦的窗前望东南方向，能看见以前上班的大厦楼顶的红字招牌。虽同属于三环，但这片街区的工作环境、工资待遇都比三元桥那里好很多。在这里，我们中午被允许休息一个半小时，物业也并非外包公司，而是由集团自己的人员组成，颇有一种文化精神。

这家保洁公司由三个北京土著合伙成立，这三个年近五十的精干人物都很善良且有人性，对员工没有任何苛责，月薪近五千元。我十分知足，因为我深知好人难遇，必须珍惜。

二〇二一年春夏那小半年，我被折磨得够呛，过年前画了那幅麻雀后，几个月都无法再画画。而现在情况好转，生活逐渐安定下来，加之黄寺大街比三元桥早一小时下班，我丈夫回家后先做好饭，支持我每晚画两小时的画。

从七月开始，我先是画了一幅《家园》：一棵盘根错节的巨树枝繁叶茂，远处隐约有村舍，村后的地平线很低，天空的湛蓝垂下，直吻黄土平川，映衬出一树金黄的叶，一个代表家主的男人气定神闲地立于画的前景，他眼里放出坚毅的光芒，脚旁跟着他的狗。

我们是北漂，是漂族中最底层的一群。我想家了，渴

望回到我生存不了的那片家园，于是画一幅画，让我的心住进去，让我和我自己沟通。

接下来画的是意大利的一座修行岛，在静穆、遥远的海边，岛上只有男人，女人不被允许上岛，男修士们在海岛上种粮食、蔬菜和水果。

不要说世界另一边的那座岛，即使是北京，除了顺义的郊外、孙河、怀柔的红螺寺，以及向往了大半辈子的天安门、故宫、圆明园、北海公园、鸟巢，我没去过的地方太多了，走到哪算哪吧！

这幅修行岛的照片我保存下来已有三年多，之前在官庄中学就想画它，因为它的景色神秘而清净，如此吸引我的思绪，但那时我自觉能力不足，便拖延至今。

到了北京，我虽很久没画画，技法生疏，但是一直在读书、思考，心中与那座岛有了更多共鸣，便开始画它。我不着急，构思成熟才下笔，不成就修改，怕什么失败？我这一生的内容尽由失败组成，况且不为卖画或讨好谁而画，只为边画边游玩。

历时三个月，我完成了这幅长四十厘米、宽三十厘米的小画，其间我作为被禁足的外国女人，多次登上那座岛，留下了我自己的童话与奇遇。

再接下来，画鸳鸯栖于梦泽。三只毛羽绚丽的鸳鸯待在斜水树枝上，春天刚到，远处露着点儿浅绿，分不清是绿染了天色，还是天落在绿色上，鸳鸯的身下是深深浅浅流动的河水。其实画的是我们一家三口。

人生就是如此，即便是一家人，也只是短暂相聚，又各自飘零。

深秋，我画了一条激流奔涌的河，浪石险滩，两岸是怪凸岩崖和生命力旺盛的秋林，河水坚定地流向远方。我酷爱秋天，在秋天，我心中总能跳出许多伤感的密码，跳出许多奇妙的怀念和思绪，尽在这条河流中。

二〇二一年大年又至，趁着放假，我蚂蚁搬家似的悄悄把画架、画材搬到我工作处的一个小工具间里，平时不会有人去那个地方。

因为是新年，必须吉祥，我便画一幅《扬帆》。一条宽阔激越的河流上，有一道河湾，没有码头，但岸上有几户人家，几条木船停泊在河面上，帆已挂好，是晴朗的好风天气。

在北京，又是一年春好日，窗外已是绿意欣欣的样子。

二〇二三年春天，于北京

《出海远航》，2023年

《荆棘与勇气》, 2022年

《大树, 生命的巨象》, 2022年

《明月与花时》，2023年

《鸵鸟背着猫》，2022年

《树洞里的小紫貂》，2022年

《布达佩斯古老的小镇》，2022年

《故乡的村庄》，2022年

《逝去的月光》，2023年

《湖岸边的花地与鸳鸯》，2022年

《石头上的山村和渔鸟》，2022年

《富贵的摆设》，2023年

《庭院里的花》，2022年

《春天李花开》，2023年

2022.10.3

《遥远的山坡杏花开》，2022年

《古老的杏林和麦田》, 2023年

《杏花开的河流》, 2023年

《秋天，金色的林子和金毛的野猪》，2023年

《秋天的河流》，2023年

《雪原，山顶的巨树》，2023年

《山涧水》，2022年

《永定河的春天》，2022年

《紫色的薰衣草》，2022年

《浩荡的春天》, 2022年

《石板的海岸和海的天空》, 2022年

图书在版编目（CIP）数据

走过一座海 / 王柳云著、绘 . -- 长沙 : 湖南美术出版社 , 2024.3

ISBN 978-7-5746-0330-1

Ⅰ . ①走… Ⅱ . ①王… Ⅲ . ①王柳云 – 自传②油画 – 作品集 – 中国 – 现代 Ⅳ . ① K825.72 ② J223.8

中国国家版本馆 CIP 数据核字 (2024) 第 018337 号

ZOUGUO YI ZUO HAI

走过一座海

出 版 人：黄　啸
著、　绘：王柳云
选题策划：后浪出版公司
出版统筹：吴兴元
责任编辑：王管坤
特约编辑：谢妤婕
营销推广：ONEBOOK
装帧制造：墨白空间・黄海
内文制作：李红梅
出版发行：湖南美术出版社（长沙市东二环一段 622 号）
　　　　　后浪出版公司
印　　刷：河北中科印刷科技发展有限公司
开　　本：787 毫米 ×1092 毫米　1/32
字　　数：208 千字
印　　张：13
版　　次：2024 年 3 月第 1 版
印　　次：2024 年 3 月第 1 次印刷
定　　价：58.00 元

读者服务：reader@hinabook.com 188-1142-1266
投稿服务：onebook@hinabook.com 133-6631-2326
直销服务：buy@hinabook.com 133-6657-3072
网上订购：https://hinabook.tmall.com/（天猫官方直营店）

后浪出版咨询(北京)有限责任公司
投诉信箱：editor@hinabook.com fawu@hinabook.com
本书若有印装质量问题，请与本公司联系调换，电话：010-64072833

《山顶村庄》，2017年

《同甘共苦》，2017年

后浪

走过一座海

王柳云 著、绘

湖南美术出版社
全国百佳图书出版单位
·长沙·